北京市教育委员会科技计划项目

用户驱动的图书馆馆藏建设

刘净净　李书宁　著

国家图书馆出版社

图书在版编目(CIP)数据

用户驱动的图书馆馆藏建设/刘净净，李书宁著. --北京:国家图书馆出版社，2018.5

ISBN 978－7－5013－6458－9

Ⅰ.①用… Ⅱ.①刘… ②李… Ⅲ.①图书馆—藏书建设—研究 Ⅳ. ①G253

中国版本图书馆 CIP 数据核字(2018)第 117000 号

书　　名　用户驱动的图书馆馆藏建设
著　　者　刘净净　李书宁　著
责任编辑　张　颀
封面设计　耕者设计工作室

出版发行　国家图书馆出版社(北京市西城区文津街 7 号　100034)
(原书目文献出版社　北京图书馆出版社)
010－66114536　63802249　nlcpress@nlc.cn(邮购)
网　　址　http://www.nlcpress.com
排　　版　凡华(北京)文化传播有限公司
印　　装　北京鲁汇荣彩印刷有限公司
版次印次　2018 年 5 月第 1 版　2018 年 5 月第 1 次印刷

开　　本　880 毫米×1230 毫米　1/32
印　　张　7.125
字　　数　201千字
书　　号　ISBN 978－7－5013－6458－9
定　　价　38.00元

目　　录

前　言

当互联网成为先进生产力的标志，成为智力生产的重要工具，成为信息和知识传播的重要渠道，它所引发的传播革命和生产革命，将是持续的、深刻的、久远的，甚至会为出版业、图书馆事业带来一些本质性的变化。图书馆是社会发展的产物，信息环境的发展也在改变着图书馆用户的信息需求。新的信息环境下，信息技术的发展、信息资源的多元和丰富、图书馆用户信息需求的改变，对图书馆采访、资源组织、资源服务提出了新的要求和挑战。

传统图书馆以馆藏为中心，因此馆藏建设是传统图书馆中最重要的一项工作。虽然现代图书馆秉承“以读者为中心”的观念，偏向于馆藏的利用，但馆藏依旧是“以读者为中心”对外提供信息服务的根本，馆藏发展与管理依旧是图书馆最为重要的工作之一。图书馆的发展经历了由封闭到开放、由收藏到利用、由被动服务到主动服务的转变过程。在这一过程当中，图书馆服务，尤其是信息服务的转变最为迅速、最为明显；而图书馆的馆藏建设，尤其是图书馆资源的采购，相对于新的网络环境和用户需求而言，则明显有待变革和提高。

一直以来，图书馆馆藏资源建设模式是由图书馆馆员主导，基于其自身对该图书馆主要用户群体的了解情况，再综合考虑书评、出版者等因素做出采购决定。这种资源建设模式又被称为“储备采购模式”(Just-in-case)。1969 年，特鲁斯威尔(R. W. Trueswell)提出著名的图书馆馆藏资源利用的“二八定律”，即 20% 的馆藏资源获得了 80% 的利用率，揭示了储备采购模式下图书馆馆藏资源利用率低下的问题。另外，有限的资源购置经费与不断增加的资源之间的矛盾一直是图书馆需要解决的重要问题。如何高效利用有限经费，购买读者切实需要的资源就显得至关重要。用户驱动采购(Patron-Driven Acquisition,PDA)模式对克服较为普遍的文献供需矛盾、提高文献利用率具有重大的作用。首先,读者将直接参与采购工作,这样可以使图书馆新增的图书更加贴合读者的需求;其次,研究结果可以改变图书馆的资源建设模式;再次,减少了许多不必要的书籍采购,节省了采购经费。

用户驱动采购是一种以用户需求为核心的图书馆馆藏资源建设模式。用户驱动采购的发展从根本上改变了图书馆原有的馆藏建设模式,解决了传统馆藏建设模式中的图书馆馆藏利用率长期低下、馆藏图书占用大量空间、未能体现投资回报等诸多问题。用户驱动采购在国外已有一定的发展历史,尤其是在美国已经有近三十年的实践经验,相应的理论研究成果较为丰富,涉及的文献类型包括学术论文、学术专著、会议论文、学术博客等多种形式,研究程度较为深入。根据对全美250家图书馆的调查数据显示,截至2010年3月,已有32家采用PDA模式,42家计划一年内采用,另有90家计划三年内使用。PDA迅速成为2011年国际图书馆协会联合会(IFLA)年会、美国图书馆协会(ALA)年会的重要主题之一。

本书基于用户驱动理论的基本特征和图书馆的发展历程及成果,结合作者多年来图书馆工作的切身感受及实践经验,借助翔实的文献资源,着重对以下内容进行论述:第一章概述信息环境变化、图书馆的发展以及图书馆馆藏建设的现状;第二章对用户驱动理论的产生、发展以及主要的应用领域进行探讨,在此基础上分别对国外和我国用户驱动理论在图书馆的应用情况进行了深入分析;第三章重点阐述图书馆馆藏文献建设由馆员决策到用户驱动决策的转变情况;第四章详细论述了用户驱动馆藏建设的建设模式;第五章主要介绍了馆藏建设所需用户数据的获取和分析;第六章对用户参与特色馆藏建设的现状、模式和保障机制进行了详细介绍;第七章针对高校图书馆,从图书馆自动化系统中的荐购模块、商业公司开发的专业荐购系统，以及图书馆荐购平台的建设三个方面对图书馆用户驱动馆藏建设的实施情况进行讨论。我们希望本书的出版能够帮助图书馆界更好地理解用户驱动理论以及在图书馆馆藏建设中的实际应用情况，从而转变馆藏建设理念，更好地开展研究和工作。

本书由刘净净总体负责，刘净净和李书宁对全书内容进行精心策划和撰写，其中第三章“从馆员决策到用户驱动决策”由北京师范大学赵星老师调研和编写，谨表深深的谢意！在撰写过程中，除了作者调查获取的相关数据外，还参考了近年来大量的中外文文献，在此对所有文献作者一并表示衷心的感谢！国家图书馆出版社的编辑对本书的出版给予了大力支持和帮助，在此表示诚挚的谢意！本书涉及内容较宽泛，加之本人才识有限，因而难免存在这样或那样的不足，敬祈诸位专家学者和读者批评指正。

刘净净

2017 年 11 月

第一章　绪　论

第一节　信息环境的变化

美国雪城大学(Syracuse University,又译锡拉丘兹大学)的斯科特·尼科尔森(Scott Nicholson)教授在“2005 数字图书馆前沿问题高级研讨班”上的讲演中指出,图书馆界在过去五年中的变化超过了前面一百年的变化,而未来五年的变化将使过去五年的变化变得微不足道[1]。

当互联网成为先进生产力的标志,成为智力生产的重要工具,成为信息和知识传播的重要渠道,它所引发的传播革命和生产革命,将是持续的、深刻的、久远的,甚至会为出版业、图书馆事业带来一些本质性的变化。互联网技术特性上的开放架构、数据包传输、统一通信协议和去中心化管理等,使信息的流动无限加速,信息的容量无边际扩大,信息的互动无止境加快。表现形态上的多媒体呈现、交互性传播、集约式增生,以及对于媒介物理边界的模糊,对于制造者、传播者和接受者身份的藏匿,对于创造、创新、创意的激励,使信息和知识的丰富性、复杂性、多维性、关联性、速生性加剧[2]。如此种种,使得图书馆及相关行业、图书馆的相关行业,以及具体的用户群体、技术手段等都发生了或正在发生着巨大的变化。

信息环境的变化,引发了一些新的社会现象。互联网时代的到来为数字出版注入了巨大的活力,数字出版已逐渐成为出版业新的利润增长点。数字出版在信息环境转变的大趋势之下得到了长足的发展。

数字出版就其本质而言是传统出版的内容和计算机技术的结合，是传统出版受到新的计算机技术的冲击后，融合而成的一种全新的出版形态。数字出版既传承了传统出版的优点，又结合了计算机技术，用计算机技术去深度表现传统出版的内容[3]。早期的数字出版还只是把纸版书进行数字化加工，在电脑上或者阅读器上进行阅读，只是载体发生了变化，而书中的内容和表现形式，如封面、页码等都没有改变，最主要的是首次出版仍是传统的纸质载体。而真正意义上的数字出版打破了传统出版的形态以及信息的组织方式，不仅在表现形式上可以更加灵活，而且在信息的重组上也可以更加自由，更加注重信息的深度挖掘[3]。如今，这种数字出版所占的比重越来越大，并且随着各种技术的发展，已然成为出版行业的主流趋势。

数字出版的火热以及移动平台的迅猛发展，使得网络阅读风靡一时。网络阅读是一种由于文本载体发生变化而带来的新型阅读方式，专指网络文化语境中的阅读活动，即借助计算机、手机、手持阅读器等终端阅读设备，从互联网平台获取包括文本在内的多媒体合成信息和知识，来完成的一种超文本阅读行为，也叫“网上阅读”[4]。伴随着信息环境的发展，目前这种阅读方式已非常普遍，成为人们竞相追逐的潮流。

网络阅读的载体（主要指计算机、移动终端）存储空间很大，所能承载的信息量是纸质载体所无法比拟的。网络能跨越地域和国界，使不同国家、不同地域能跨越空间限制进行信息沟通，加之网络特有的超文本链接方式及强大的信息搜索功能，使网络形成一个巨大的信息资源数据库，信息量呈指数增长，为读者提供越来越丰富的资源。网络读物的形式也是丰富多样的，既有传统的图书、论文等文字型的，也有图片、音频、视频等多媒体型的[5]。这就形成了一个更加丰富多彩且富于变化的新读物平台，这个平台会使读者有更丰富的感官刺激和更真切、更形象的阅读体验，有助于读者更好地理解文本，更方便地获取信息。网络阅读还具有纸张阅读无法比拟的优势，即在阅读过程中不受时间、空间限制的广泛互动。网络的交互功能和发散的、非线性的超文本呈现方式能为读者提供更广阔的阅读空间[6]。这一方式充分打破了传统阅读同一材料、统一情感的局面，为读者提供了更为开放的互动对话，使网络读者在轻松、愉快的环境下达到激发阅读想象力、思维力和创造力的最佳效果。

随着网络信息时代的到来，越来越多的高精尖技术不断出现，这些技术不断改造着我们的传统观念，影响着我们的生活习惯。经过十几年的创新，移动智能终端呈现快速发展的趋势。移动智能终端成本越来越低，移动智能终端以用户为中心，也更加的智能化、环保化、云化和融合化[7]。计算机技术、通信技术、人工智能、多媒体、网络技术的发展，使得文献的网上生产、传播、检索日益成为主流，远程信息存取、分布式信息系统使地球日趋紧密与狭小，地域空间的自然限制正在日益萎缩[8]。信息技术的发展，一方面为图书馆馆藏建设提供了一个新的发展契机，即利用新信息技术构建一个面向未来的网上合作系统，抛弃传统的思维模式，重新建立一个文献与需求相匹配的合作馆藏建设模式。另一方面对图书馆形成了巨大的压力，即要考虑在网络环境下，如何构建符合用户需求的馆藏资源以满足不同用户群体的信息需求。

第二节　新信息环境下图书馆的发展

图书馆是社会发展的产物。信息环境的发展也在潜移默化地改变着图书馆用户的信息需求。新的信息环境下，信息技术的发展、信息资源的多元和丰富、图书馆用户信息需求的改变，对图书馆采访、资源组织、资源服务提出了新的要求和挑战。

第一，信息的海量剧增，给图书馆的资源建设，尤其是采访工作带来很大的挑战。据不完全统计，世界每天约有40亿个信息单元的信息量向外发送，并以每年18%—20%的速度递增。每年全球出版图书近80万种，科技报告70万篇，专利文献100万种[7]。电子出版物与网上出版物更是每时每刻都在以迅猛速度激增。全国在线数据库数量高达9万，网页约15 709万个，网上政府信息、行业和企业信息、科技教育信息、文化娱乐信息、新闻信息、旅游信息、区域特色信息等均已形成一定规模[8]。如此汹涌的信息"洪流"让图书馆无从招架，面对不同的文献类型，图书馆越来越多地倾向于收藏电子文献、动态文献，但是却难以把握文献信息的精确控制与全面控制。此外，多年来困扰图书馆的购书经费短缺问题变得更加明显和尖锐。面对信息资源不断激增，以及书刊价格随时间推移不断狂涨的情况（国内图书每年上涨约20%，期刊约28%；国外图书每年上涨约15%，期刊约40%）[7]，图书馆的经费显得越来越少。财政问题上一时不可能解决，因此如何利用有限的经费去购买利用率高、最具特色的文献及数据库；因此如何通过合作藏书、资源共享来达到资源利用的最大化，也就越来越受到重视，成为图书馆采访环节需要进一步深入考虑的议题。

第二，用户资源利用即时性和易用性的需求。经过互联网的迅猛发展和数字图书馆时代图书馆对用户的培养，越来越多的图书馆用户开始转向利用数字形式存在的图书馆资源。数字资源的利用和携带都非常方便，用户足不出户就可以利用智能手机、iPad、电子书阅读器等手持设备实现资源利用和共享，这些用户多为青年人，但目前也有相当多的中老年用户开始使用数字资源。就用户所从事的专业而言，目前利用数字资源的多为理工农医类专业用户，考古、历史等专业的用户由于版本、装帧等纸质资源固有的因素也具有很强的研究价值，在短期内可能还需要纸质资源，但是随着古籍的数字化和深入加工，版本、装帧等相关信息将会在数字化版本中有更好的展现，未来的研究人员也将逐渐向使用数字化资源过渡。

随着工作学习生活科研节奏的加快，人们对于资源即时性获得的需求越来越强。用户在工作学习生活科研过程中遇到问题时，最希望的是不离开原来的环境就能尽可能快地获得所需资源。他们采用各种可能的工具或方式来获取资源，只要能够快速获得，就无须考虑资源来自何处。正是在即时性需求的推动下，用户对于资源易用性的要求比原来更高。如果资源利用系统的易用性不佳，除非用户没有其他渠道获取该资源或者使用其他渠道获得资源会耗费更多精力，否则用户可能会放弃使用该资源利用系统去获取相关的资源。相比之下，嵌入用户环境的资源利用方式可以使用户不脱离原来的环境就能尽快找到所需资源。满足资源即时性和易用性的需求，不仅要考虑普通用户，还要考虑残障人士、儿童和老人。残障人士身体某个方面机能的残疾，儿童身体和智力等发育或教育未完成，老人身体机能的“老化”，比如视力问题和文字认知问题，都会影响到这些用户使用图书馆的数字资源，因此部分资源若想满足用户易用性的需求则需要进行无障碍化的改造。

第三，用户参与数字资源组织、建设与管理的需求。由于图书、期刊、电子文献的出版量持续攀高和价格高涨，而图书馆文献购置费用不足以及馆舍面积限制、采购馆员人员素质和数量限制等方面的原因，图书馆一方面要加强馆际协作，通过资源共享等方式满足用户日益增长的数字资源方面的需求，另一方面引入“用户驱动”的理论，让用户参与图书馆的资源选择和建设、管理，从而保证用有限的经费更好地满足用户的实际需求。

近几年来，国内外图书馆联盟的数量不断增加，联盟的类型和范围呈多样化趋势，比如同城联盟（如北京学院路高校图书馆联盟、广州石牌区高校图书馆联盟）、省级各类型图书馆联盟（如首都图书馆联盟、吉林省图书馆联盟）、同学科联盟（如全国外语院校图书馆联盟、全国音乐院校联盟、全国师范院校图书馆联盟）、同类型高校图书馆联盟（如哈尔滨工业大学等 10 所工科院校组成的卓越院校图书馆联盟）等，图书馆联盟在图书馆馆藏建设协作中将发挥着越来越重要的作用。也正是这种协作需求的趋势，使图书馆特色馆藏建设，尤其是特色数字馆藏建设将在未来图书馆馆藏建设中受到更大的重视。另外，在图书馆馆藏建设中，借助于相关 OpenAPI 和 Mushup 技术方法进行信息聚合也将成为馆藏建设的重要工作，通过信息聚合，用户利用图书馆馆藏的同时也可以使用其他来源的资源。

第四，随着 Web2.0 理念的普及，用户在利用数字资源过程中，已经不再只使用图书馆提供的固有组织方式，而是更愿意按照自己喜好和习惯利用标签等描述、组织数字资源，也更愿意通过评论、评级，甚至补充相关的元数据的方式实现对数字资源的组织、建设与管理。而且，用户在利用数字资源的同时，还会通过个人博客、微博、播客、Wiki 等方式为互联网创建提供大量的数字资源，这些数字资源于是通过集成融汇的方式成为可以利用的图书馆数字资源。用户还可以提供捐赠印刷版资源或数字原生资源给图书馆，图书馆经过数字化或者组织以后，供所有用户使用，其中包括向本机构知识库提交自己获得许可的研究成果，也包括通过响应图书馆各类型资源征集的方式（比如美国纽约市图书馆“菜单数据库”中的菜单基本上都是纽约市民提供的）向图书馆提供自己或自己获取到的资源。

第五，针对用户在当前数字信息利用过程中从“单纯利用者身份”到“信息利用和信息生产双重身份”的角色转变，图书馆的数字馆藏服务也需要为用户参与提供必要的途径，这包括：畅通数字馆藏捐赠的渠道（确立明确的捐赠馆藏建设目标和馆藏接收标准，对数字馆藏捐赠事宜进行广泛宣传，建立专人或者专门的平台接受用户各种途径的捐赠，对捐赠用户提供相应形式的“回报”，建立机构知识库等）、为用户参与数字馆藏描述提供必要的渠道（比如，允许用户在 OPAC 查询页面对资源进行评级、评论和增加个人标识，为特色数据库的资源描述提供相应的页面或接口允许用户对资源进行描述或者对描述内容进行纠错、补充和修改等）、在馆藏发展规划中邀请用户参与讨论、设立相关数字馆藏项目邀请用户参与、邀请用户参与设计和开发数字馆藏服务系统、邀请用户参与数字馆藏的学科咨询服务等。因此，图书馆需要建立畅通的交流机制、完善的用户参与平台、合理到位的奖励机制等相关的规章制度，为用户参与数字馆藏的建设保驾护航。这里需要特别强调的是图书馆机构知识库的建设，机构知识库是绿色开放存取（Open Access，OA）理念下图书馆当前和未来重点建设的内容之一。着眼国外机构知识库建设的历程和经验，机构知识库是在机构下属的教职员工按照约定提交本人研究成果的前提下建成的，虽然这种约定有的是强制性的，有的是非强制性的，但很多情况下，这些教职工还要担负起向出版商“宣传”OA 政策（包括和出版商签署附加版权协议）的“任务”，这些教职工基本上都是该图书馆的用户，机构知识库的建设也是用户参与图书馆数字馆藏建设的重要组成部分，而且将发挥更加显著的作用。

第六，数字资源在图书馆馆藏中所占的比例正在日益增加。在很多图书馆，数字资源已经超过印刷版资源成为主要的资源类型，在国外某些工程、技术、医学类高校图书馆（比如哈佛大学工程分馆）已经逐渐转变为纯数字馆藏的图书馆。然而，由于数字资源的特性导致数字资源易于改变、容易消失。在物理存储方面，数字资源及其所依赖的网络、存储媒体都非常不稳定，很多在网上的资源内容都是昙花一现，出现不久就消失；信息技术变化之快，硬件和软件都在不可预测地老化，比如之前使用软盘和以较低版本生成的文档现在很多都无法使用，资源使用率较高频繁读取的硬盘或其他存储设备也极易出现坏道或坏扇区的情况；在使用方面，多数情况下信息机构仅购买了数字资源的使用权，而由于多种原因，数据库商或其委托的镜像服务商有可能终止经营或者停止向用户提供服务。另外，病毒破坏、黑客破坏和盗取等信息安全方面的问题也有可能造成数字资源被破坏、丢失，增加数字资源失去的风险。所有这些问题表现出了数字资源的脆弱之处，而数字资源一旦无法使用将会带来很多问题，因此，图书馆数字馆藏必须考虑长期保存的问题。

第三节　图书馆馆藏建设现状分析

传统图书馆是以馆藏为中心的，因此馆藏建设是传统图书馆中最重要的一项工作[9]。虽然现代图书馆秉承“以读者为中心”的观念，偏向于馆藏的具体利用方面，但馆藏依旧是“以读者为中心”对外提供信息服务的根本，馆藏的发展与管理依旧是图书馆最为重要的工作之一。对图书馆的馆藏发展概念，很多学者都给出了不同的解释：鲍曼认为馆藏发展包含计划、实施和评价三方面的活动；克莱恩和西诺特认为馆藏发展是决定何种资料应该纳入馆藏的智力工作；伊文思认为馆藏发展是根据读者需求及社区特点来确定馆藏重点，并设法弥补馆藏缺陷的过程；马格里和西克则指出馆藏发展是系统地、理性地建立馆藏的所有规划过程[9]。《美国图书情报学在线词典》则是这样界定馆藏发展：“馆藏发展是在考虑有限预算的前提下，通过评估图书馆用户的信息需求，分析使用数据和进行人口预测，计划和构建长期、有用且平衡的图书馆馆藏的过程。馆藏发展包括采选标准的形成、资源共享的规划、丢失或被损坏馆藏的替换以及日常的选择和弃选决定。”[10]

图书馆的发展历程经历了由封闭到开放、由收藏文献到利用文献、由被动服务到主动服务的转变过程。在这个过程当中，图书馆服务，尤其是信息服务是转变最为迅速、最为明显的；而图书馆的馆藏建设，尤其是图书馆资源的采购，相对于新的网络环境和用户需求而言，则明显地有待变革和提高。

一、图书馆的馆藏发展政策

馆藏发展政策（Collection Development Policy）是图书馆馆藏发展相关的政策，也称"藏书发展政策"或"藏书建设政策"，起源于20世纪50年代，当时又称作采选政策，其目的主要是为了应对出版物审查制度的检查和保护知识的自由。经过长期的发展，馆藏发展政策逐渐成为界定图书馆使命与职责、分析服务对象及其需求、明确馆藏采选原则及馆内部门职责的有机体系。馆藏发展政策指的是图书馆为实现信息资源建设目标而制定的方针、原则、策略、措施以及对策等，是图书馆科学规划馆藏建设与发展，合理调整馆藏资源结构、获取方式和质量评价标准以及信息资源保障方式，合理安排文献购置经费的基本依据，其目的是建立符合读者需求的馆藏[11]。数字馆藏发展政策是图书馆馆藏政策的一部分，是图书馆为实现总体的信息资源建设目标而制定的与数字信息资源的评价、选择、购买和使用相关的方针、原则、策略、措施、对策、标准和规定。在数字资源建设超过纸质资源馆藏建设的今天和在未来的泛在信息社会，数字馆藏发展政策将成为图书馆馆藏的主要部分，它要求明确数字馆藏发展的原则与目标，确立数字馆藏发展的基础模式，确定数字馆藏评价与选择的标准，提供数字馆藏评估与淘汰的指南以及制定数字馆藏发展的基本策略。

从狭义上讲，数字馆藏发展政策仅与数字馆藏建设相关，只包括馆藏的采选政策，如馆藏建设目标和方案的设定、相关原则的制定、建设方式的选择等，这在国内早期的相关研究中体现的比较明显。但从目前国内外研究来看，数字馆藏的发展政策都已经突破原有采选政策的范畴，包括利用、管理等方面的内容，数字馆藏发展政策主要包括数字资源采访原则与方式、经费分配政策、数字馆藏发展目标与规划、数字馆藏开发和利用政策、数字馆藏管理政策、数字馆藏保护政策(包括版权保护政策和信息安全保护政策等)以及数字馆藏和纸质馆藏协调发展政策等。从广义上讲,馆藏管理政策只是馆藏发展政策的一部分,由于这部分政策容易被忽略且其在数字馆藏未来发展中发挥着重要作用,这里将其提出来单独进行讨论。馆藏管理政策是关于规定如何选择、获取、组织、存储、利用、弃选(含剔旧)、保存馆藏资源的文件或系列文件,既包括数字馆藏,也包括纸质馆藏,本书主要讨论数字馆藏的内容。

图书馆数字馆藏发展和管理政策将图书馆涉及数字馆藏发展和管理相关的政策性内容进行系统总结,能够更加明确、更加宏观地从长远发展的角度来规范和指导图书馆数字馆藏建设。张新兴博士结合国内外的研究和实践将图书馆馆藏发展和管理政策的作用总结为"图书馆管理者制定馆藏发展决策的依据""图书馆员进行馆藏建设的指导""图书馆与外界沟通的工具""图书馆维护知识自由的声明"和"图书馆应对信息技术环境变化的指南"5 个方面[12]。国内外很多图书馆都意识到了馆藏发展和管理政策的作用并制定了相应的馆藏发展和管理政策。在美国,截至 1993 年就已经有高达 72% 的高校图书馆和 78% 的公共图书馆制定了馆藏发展和管理政策,中国国家图书馆、厦门大学图书馆、香港大学图书馆、中国科学院国家科学图书馆等近年来也都制定了相关政策,中国高等教育文献保障系统(CALIS)在 2010 年也制定了《高校图书馆数字资源采购联盟工作规范(草案)》。

但是,国内还有相当多的图书馆并没有为数字馆藏建设制定相关的馆藏发展和管理政策,数字馆藏建设缺乏系统、完整的前期长远规划,馆藏建设呈现出很强的随意性和盲目性,只是被动地接受数据库商推荐的数字资源产品,或者盲从地跟随着其他图书馆购买数据库产品,或者未经评估就随意购买少数用户推荐的数据库产品,由于缺乏有效馆藏发展管理政策，许多图书馆订购前缺乏理性的需求分析，试用期间缺乏充分的用户调查，订购后缺乏及时、系统的使用统计和分析，缺乏对用户的有效调查和宣传[13]，这就造成了斥巨资购买的一些数据库产品和用户的实际需要脱节，利用率非常低。同时，由于缺乏有效的数字资源评估、服务系统评估和服务绩效评估，缺乏馆藏协调性发展的规划，数字馆藏与纸质馆藏之间重复、数据库之间重复的情况也比较严重。在自建的特色数据库建设中，随意性和盲目性就更强，一些特色数据库在申请相关项目时(如参加中国高等教育文献保障系统 CALIS 一期和二期的特色数据库项目)仓促确定选题和参与建设，缺乏和馆藏长期发展规划的结合，很多特色数据库建成通过验收之后，就再也无人问津，在之后的数年间数据从未更新，甚至一些图书馆建成的特色数据库已经悄然消失。

新的信息环境下图书馆馆藏的建设内容由于用户需求的变化而变得更加复杂，虽然图书馆在传统纸质资源建设方面积累了很多的经验，这对于将来的数字馆藏建设也有很强的指导意义，但泛在信息社会图书馆的数字馆藏和传统纸质馆藏建设有了很大的不同，比如数字馆藏建设将更加模糊“藏”与“用”的关系，并非只有图书馆收藏在本地的资源才能被用户所使用，没有在本地收藏甚至不是图书馆馆藏的资源都可以借助于某种方式为本地图书馆用户所用，云技术将彻底模糊存储位置的概念；数字馆藏对使用条件、使用环境、使用方式、安全隐患、保护措施、淘汰或剔旧原因及措施等方面的要求都有了很大的变化；数字馆藏的加工整理及二次加工的方式和预期达到的目标也完全不同；数字馆藏的使用许可和版权控制也比纸质馆藏更加复杂，控制和保护的措施也会有很大的不同。因此，专门针对纸质馆藏的馆藏发展和管理政策无法全面适用于数字馆藏建设，泛在信息社会的数字馆藏则需要针对馆藏建设需求特点，从数字馆藏整个信息生命周期管理高度研究专门的馆藏发展和管理政策，以更好地指导数字馆藏的建设实践。

二、现阶段馆藏建设的现状

无论是国家图书馆、各省市公共图书馆，还是高校图书馆，都已经充分认识到数字馆藏建设的重要性，也在逐步开展本馆的数字馆藏建设，并初具规模。但综合分析，普遍存在着以下问题：有限的经费与不断增长的数字资源之间的矛盾；建设内容过于集中、重复，内容揭示不够深入；建设方式和手段有待提高；建设标准和规范不够统一；建设的安全性和版权的保护；等等。

1. 经费问题

虽然国家以及各部门不断加大数字馆藏的资金投入，但相较于数字化的海量信息以及不断上涨的数据库价格而言，仍是捉襟见肘。而对于自建的数字馆藏，无论是设备、软件、开发，还是管理等各方面都需要资金的支持，经费因素已然成为图书馆数字馆藏建设的一个重要影响因素。资金保障充足，才能保证数字资源建设的质量和数量，否则都只是空谈。

2. 数字馆藏建设内容重复，有待深层次开发

目前，各馆的数字馆藏建设内容多为馆藏书目数据库、随书光盘、学位论文、教师论著，以及购买的中国知识资源总库、万方数据资源系统、中文科技期刊数据库（维普）等，各馆之间缺少资源统筹协调，导致各馆购置资源的大量重复；而有些馆自建的学位论文库，又与中国知识资源总库或者万方数据资源系统、中文科技期刊数据库中的硕博论文库里面的部分内容重复。此外，很多数据库对资源内容的揭示不够深入，尤其是一些自建数据库，多是对馆藏特色文献进行数字化扫描和简单标引，对其外部特征进行描述，缺少知识层面的挖掘和整理。

3. 数字馆藏建设方式和手段有待提高

数字馆藏的开发与建设，急需融入新的技术手段和方法。比如，

应用 Wiki 技术自建数字馆藏,可以由多人进行编写并发布在网络上,搭建一个开放的网络平台,为群体知识共享提供机会。应用“网摘”技术处理数字资源,构建一种新的信息共享平台。用户可以在此查找自己的所需信息,还能同与自己有相同信息需求的读者进行交流,分享彼此收藏的信息。如果将“网摘”服务与标签技术结合,还可以使读者为自己的收藏添加关键词批注,便于日后共享。总之,新的信息环境下,图书馆的数字馆藏建设可借鉴和使用的新技术、新方法也越来越多样。

4. 数字馆藏建设的标准和规范

图书馆进行数字馆藏建设过程中,虽有一些标准和规范陆续出台,但实际应用却不尽如人意。一方面,各标准和规范之间尚不能统一,同一个问题也会出现不同的规范,比如中国高等教育文献保障系统 CALIS 与国家图书馆的编目规范就有一些差异,各数据库商之间更是各自以自己的标准为准则,不尽相同。另一方面,有些馆在自建数据库的过程中,往往自建元数据和著录规范等内容,以至于各馆与各馆不同,各数据库间也不遵循统一的标准和规范,为“共建共享”带来了很大的困难。

5. 数字馆藏建设的安全隐患

目前,信息环境安全不容乐观,互联网上的犯罪案件层出不穷。由于数字图书馆一般不涉及国家机密,因此很多管理人员会对数字馆藏的信息安全问题放松警惕。多数图书馆在建设数字馆藏时都存在轻视安全信息、管理制度不健全、技术素养难以跟上信息通讯的发展等问题,如不及时解决安全隐患很可能出现突发状况。此外,数字馆藏建设过程中也面临着一定的计算机病毒威胁,尤其是一些网络病毒。计算机网络病毒破坏性强、传播速度较快,有时会造成服务器的运行速度变慢、数据被损坏,甚至系统瘫痪等。信息安全、网络安全,一直是图书馆数字馆藏建设过程中需要解决的重要问题,而且随着信息的泛在化,这种考验将越来越严峻。

6. 图书馆数字馆藏建设的版权问题

版权问题是数字资源、数字馆藏建设过程中不容忽视的一个问题。数字馆藏建设的构成主要是两部分:一部分是直接的数字出版;另外一部分是原有纸质馆藏的数字化扫描、加工和处理。直接的数字出版是近些年发展起来的出版方式,并在逐渐发展兴盛;与此同时,就需要建立和发展完善与之相应的法律政策。关于纸质馆藏的数字化扫描、加工、处理的行为,国内外有较大的争论,存在演绎论和复制论两种不同观点。经过长时间的理论探讨,我国知识产权界普遍将其性质定义为复制。因此,我国的图书馆馆藏资源数字化活动是一种复制行为,适用于我国相关法律中关于复制行为的有关规定。即便如此,数字馆藏建设过程中,仍有一些知识产权问题有待商榷和解决。

三、数字馆藏服务状况分析

国家图书馆、公共图书馆、高校图书馆都已经开展了一定的数字馆藏服务,也取得了一定的进展,而且很多数字馆藏的服务内容都已得到普及。但是,随着数字时代的到来,以数字化、网络化为特征的信息资源以及信息服务机构、网络搜索引擎的不断涌现,使图书馆的数字馆藏服务工作面临前所未有的压力。

1. 数字馆藏服务理念的转变

虽然相较于传统图书馆服务,数字馆藏服务已经不再局限于时间、空间的限制,具有了更高的服务性和开放性,但是随着数字化、网络化以及信息泛在化的不断深入,数字馆藏服务仍需要向更加自由、开放的状态过渡,数字馆藏的服务主体也应由以资源为中心转向以读者为中心、以体验为中心。因此,数字馆藏服务理念的转变极为重要,要以提供有针对性的主动服务为重点,将主动服务作为图书馆工作的主线。

2. 数字馆藏服务层次欠深入

目前,图书馆数字馆藏服务的内容和形式仍较为单一、浅层,例如,高校图书馆的用户教育,虽然开展范围和规模已有很大进步,但整体而言,尚缺乏统筹的规划和安排,缺乏分步骤、分阶段、分层次的初级教育、跟进教育、递进教育等阶梯式教育培训;参考咨询方面,也多是对简单的咨询问题给予回复,缺乏对用户的整体分析,应通过问题发现用户的关注点,有针对性地开展专题推送、定题跟踪服务等。图书馆还可以与其他图书馆合作,开展联合参考咨询服务,使本馆的特色数字馆藏价值得到最大程度的发挥。数字馆藏服务应充分利用信息技术的发展,开发类似数字信箱、学习平台等栏目,进行双向互动,更多地借助移动终端产品,开发移动服务功能,方便学习者随时随地利用移动数字馆藏进行自主学习。

3. 数字馆藏服务团队的建设需进一步加强

信息技术的快速发展,以及泛在信息社会理念的深入,使得用户对图书馆数字馆藏服务有了更高期望,希望图书馆的数字馆藏服务能更加的便捷和专业化,这就对图书馆员提出了更高的要求,需要图书馆员利用新技术提供更加具有专业度的知识服务。同时也对图书馆的数字馆藏服务团队建设提出了更高的要求,在服务态度、服务方式等基础素质上更要求专业素养和专业水平、专业技能。

4. 数字馆藏服务策略有待开发

图书馆现有的数字馆藏服务内容和方式,在多数图书馆已逐渐开展,但效果却不尽相同,多数情况不尽如人意,这就需要图书馆反思自身服务策略和服务方式,甚至在数字馆藏建设过程中就要更多地去关注后续的服务,从而更有针对性地开展数字馆藏建设。同时,图书馆还需要开发多种服务方式、服务策略,将馆藏资源传递出去。

5. 数字馆藏服务的技术手段需不断改进更新

信息技术、通信技术等各种技术的不断进步,也为图书馆数字馆藏服务提供了更多的选择。图书馆应充分利用这些先进的技术手段，比如，利用博客（Blog）和即时通信工具（IM）等开展交流互动，提升参考咨询水平；利用网页工具格（Toolbar）提供资源访问，将此工具条安装在浏览器上，读者可以直接单击按钮进入到资源页面，获取电子图书或者期刊的内容，而无须再通过图书馆主页来获取。标签（Tag）技术是一种分类导航组织技术，可以针对不同学科，依据不同的使用目的来进行处理。它使得资源组织变得更加方便，数字馆藏的设计建设者只需要单击鼠标就可以补充新内容，再通过标签的标记可以将数字资源分门别类并进行描述。图书馆数字馆藏服务可以充分利用这些先进的技术，不断提升服务品质。

6. 数字馆藏服务机制有待完善

目前，各图书馆都在努力探索数字馆藏的服务内容、模式、技术层面的问题。与此同时，数字馆藏的服务机制则有待同行更多努力来完善，从而形成系统性的有指导意义的服务机制，使各图书馆有章可循，更好地开展工作。比如，高校图书馆普遍采用的学科馆员制度，很多高校图书馆都在开展学科馆员服务，也在不断探索学科馆员服务的方式、方法，但至今仍没有统一的制度、机制对这一服务形式做出很好的界定和指导。所以，随着这种服务方式的不断改进和完善，数字馆藏服务的机制问题也有待进一步的发展完善。

长期以来，图书馆资源的采购都停留在“馆员本位”的采购模式，即以图书馆员为馆藏建设的主体。馆员根据经验和分析，揣测预判读者的需求，从而进行采购。就高校图书馆而言，虽然近些年增设了学科馆员与采访馆员共同进行的学科资源采购，同时也增加了教师和学生参与选书等形式，但图书利用率仍不容乐观。许多高校图书馆购买的纸本图书平均10年用不到一次。美国丹佛大学（University of Denver）2010年所做的馆藏利用情况调查显示，相当一部分书并没有被使用过，而且可能永远不会被使用。在其馆藏2005年到2009年出版的图书中53%没有流通过,24%仅流通过一次,23%流通两次以上。布朗大学(Brown University)2004年至2009年间入库纸质图书,仅有22%的图书借阅达到两次以上,12%借阅两次,26%借阅一次,40%零借阅[14]。从我国图书馆界大量研究如何提高借阅率的文章来看,国内的情况也同样惨淡。由此可见,虽然采访馆员、学科馆员兢兢业业做了很多工作,了解读者需求,寻求并采购大量资源,但是这些资源的利用率并不理想,馆藏建设与读者需求之间并不对等,现有的采购模式不能满足实际需要。

近年来,以用户为本位的采购模式越来越受到图书馆的重视,正在以各种形式在图书馆开展和实践。比如,美国一些大学图书馆兴起的用户驱动采购(Patron-Driven Acquisition,PDA),即图书馆获取大量的书目,但只购买读者真正需要的,并保证读者在第一时间读到新书。国内一些高校图书馆开展实施的读者荐购服务以及图书馆荐购系统的开发应用等,都是将读者、用户作为资源采购的主体,根据读者的使用和推荐来购买资源。

参考文献:

[1] 张晓林.颠覆数字图书馆的大趋势[J].中国图书馆学报,2011(5):4-12.
[2] 隅人,保华.数字出版的使命与特征[J].现代出版,2011(4):12-15.
[3] 严冰.网络时代的数字出版机遇及挑战[J].山东社会科学,2011(S1):65-66.
[4] 王文平.大学生网络阅读与高校图书馆的对策[J].大学图书情报学刊,2009(1):84-86.
[5] 吴萍,张立红.网络阅读与图书馆指导刍议[J].南昌航空工业学院学报:社会科学版,2006(4):82-84.
[6] 鲁帆.移动智能终端发展趋势研究[J].现代传播(中国传媒大学学报),2011(11):139-140.
[7] 宋登汉.新信息环境下图书馆合作藏书及模式研究[J].图书馆,2000(4):21-25.

[8] 程结晶,赵晓红. 第三代 Internet 网络信息资源的管理模式[J]. 图书馆论坛, 2005(6):207-210.

[9] 章红. 数字馆藏建设对传统馆藏建设政策的挑战[J]. 图书馆建设,2003(6):40-42.

[10] REITZ J M. Online Dictionary for Library and Information Science [EB/OL]. [2012-08-23]. http://www.abc-clio.com/ODLIS/searchODLIS.aspx.

[11] 肖自力. 关于馆藏建设的思考[J]. 图书馆,2007(4):6-8.

[12] 张新兴. 国外馆藏发展政策研究综述[J]. 图书与情报,2011(3):6-11,22.

[13] 索传军,马越. 论高校图书馆数字馆藏发展政策[J]. 图书馆理论与实践, 2006(6):88-90.

[14] 韩丽华. 从数字阅读到读者决策采购——论馆藏建设趋势[J]. 电子世界, 2013(1):36-38.

第二章　用户驱动理论与图书馆

随着市场竞争的加剧、公共服务意识的增强和创新型社会的构建，用户意识和用户参与的重视程度不断提升，从而推动了用户驱动理论的提出和发展研究。用户驱动理论在图书馆馆藏建设领域的应用主要是用户驱动采购(PDA)技术。PDA技术作为网络环境下图书馆领域迅速发展的新兴技术和研究领域，是近年来国内外众多知名大学和研究机构的研究热点之一。PDA是由NetLibrary公司提出的电子图书商业模式，是区别于传统图书采购模式的一种以需定购的全新的图书采购方式和馆藏建设理念。这一采购模式对克服目前普遍存在的文献供需矛盾、提高文献的利用率具有重大的作用。其核心思想是相信读者比采访馆员或学科馆员更有发言权，由读者直接决定选购电子图书的品种，从而使所投入的采购经费实现产出最大化。PDA现在是许多大学图书馆购买图书特别是电子书的主要模式，因而美国大学与研究图书馆协会(ACRL)在2012年将PDA列为影响大学图书馆的十大趋势之一。

第一节　用户驱动理论

"用户"本义指某些设备、商品、服务的使用者或消费者，特别是指长期或定期使用某种技术、产品或服务的人[1]。随着用户概念的泛化，其使用领域和所指内容不断丰富。在商业领域，用户与顾客、消费者或买方的意思相近；在图书馆服务活动中，用户则与读者的意思相近;而在工业设计、计算机以及其他一些科技领域语境下,用户则代指人员、账户、进程等内容。在不同领域的研究文献中,用户驱动代表不同含义,比较有代表性的有企业发展战略[2]、生产方式[3]、创新方法[4]、产品开发模式[5]、软件实施方法[6]、馆藏建设方法[7]和控制系统模型[8]等。目前,用户驱动研究综述性文献较少,较为具有代表性的文献有孟银涛、钟永恒对国外图书馆用户驱动的获取与服务现状的描述[9]等。就目前研究情况而言,用户驱动研究整体呈现出涉及领域广、研究热点分散和核心研究者不明确等特点。

基于用户概念的复杂性和用户驱动研究涉及领域的广泛性,本节对用户驱动理论应用领域进行统计和分析,具体涉及管理理论、产品开发、生产定制、客户服务、质量管理等内容,体现出企业在用户驱动问题上的敏感性。计算机领域是用户驱动研究涉及较多的另外一个领域,在这方面研究中用户驱动基本上是作为一个技术用语被探讨,指人员或进程。图书情报服务对用户驱动的关注集中在读者决策采购、学科服务、数字图书馆建设等内容。工业经济、电信、互联网领域的研究基于用户作为某类产品或服务的使用者考虑,从用户的角度对本产品设计生产或服务流程进行反向思考并寻求改进。信息经济主要探讨用户对电子商务等信息化商业模式的影响。近几年,用户驱动研究对新闻传媒的影响也开始增加,主要涉及新闻传媒行业用户观念的确立及对新闻行业运作模式的影响。除去上述领域之外,目前用户驱动研究相关文献还涉及档案管理、公共服务、军事、教育以及医疗卫生等内容。为更好反映出目前用户驱动研究现状,本节对较为集中领域的用户驱动研究分别进行描述,包括企业经济、计算机、工业经济、电信、互联网、新闻传媒、档案管理七个方面。

一、企业经济领域的用户驱动研究

随着市场经济的发展和企业管理理念的提升,企业对用户(客户)

的重视程度越来越高并推动用户研究的深入和发展。从20世纪90年代末开始,“用户(客户)驱动”逐渐成为企业界关注的话题。1998年,陈志祥等人在研究下一代制造系统的特点时提出下一代制造系统客户驱动(Client-driven)网络化的质量管理模型,认为客户驱动网络化质量管理强调在主导因素上以客户为中心,工具上利用软件,结构上以Intranet和Internet网络为基础[10],这是关于用户驱动研究较早的代表成果。通过相关文献梳理发现,企业经济领域用户驱动研究主要集中在以下方面:

1.企业经济领域对用户驱动内涵的探讨

对于用户驱动的内涵,企业从业者和相关领域的研究者在一些文献中进行了描述。如张建军从产品生产的角度出发,认为客户驱动的实质就是以客户对产品的个性化需求为参数驱动源,以模块化设计为基础,通过从客户需求视图到产品功能视图和特性视图的影射,自动完成产品的设计或部分变形设计[11]。张晓峰在客户知识管理系统(CKMS)研究中指出客户驱动要求企业按照用户的喜好提供用户认为有价值的服务,而不是以企业价值认知为标准,并将用户驱动企业与用户的关系表述为互动、共生、共享、敏捷、互利和合作[12]。洪仕斌在分析我国家电行业下行压力时,指出家电行业需要从以前信奉的“营销驱动”“政策驱动”经营模式转变到“产品驱动”“品牌驱动”“客户驱动”经营模式上,指通过系统规划的品牌、产品、客户导入,驱动各价值链来分享企业的商业目标,帮助企业的每一个价值链环节,把对品牌、产品、客户的理解转变为行动,进而养成主动性,为客户提供差异化的品牌、产品和服务体验,提高客户忠诚度,实现企业持续的利润和价值增长[13]。SAP(思爱普)中国研究院把用户驱动视为企业内部创新的五大创意来源之一,产品开发到了一定的阶段,就让客户共同参与,提出建议来修正,再继续推进,增强协同力量[14]。叶国晖在分析数据对企业销售的作用时指出,客户驱动实际上是对客户洞察的驱动,是基于数据分析的结果[15]。

2. 用户驱动在企业生产管理层面的分析

研究者主要采用案例分析法对用户驱动在企业生产管理不同方面的应用进行了表述。主要涉及方面包括:①产品开发。如杨慧探讨了以客户导向为驱动力的时尚产品开发模式,包括客户参与产品设计开发、产品定价和参与决定新品的生产数量,并分析了这种模式的优势[16]。②产品生产。如林江,楼建勇以电梯制造业为例,通过对特种制造业基于准时制的用户驱动型制造系统的研究,提出了适应于客户驱动的以模块化设计、零部件标准化、系列化为基础,以合作供应为主要管理要素的准时生产运行管理模型[3]。朱芸等人结合汽车产品的客户定制系统,针对具有模块化特性的大批量定制生产的产品配置问题,提出了一种以客户驱动为基础的扩展虚拟模块的广义产品配置模型等[17]。李宇雨等人基于对客户驱动需求替代和客户异质性偏好的分析,建立产品族按订单装配(Assemble-to-Order, ATO)制造商零部件补货模型并提出制造商最优产品生产组合和零部件补货策略[18]。李臣星为实现生产调度安排上客户的每个制造任务达到最优值,实现客户的利益均衡化,运用非合作博弈理论,在完全信息下建立一种硫化车间的调度模型[19]。③质量管理。如前文提到的陈志祥提出的下一代制造系统客户驱动(Client-driven)网络化的质量管理模型[10]。

3. 用户驱动在企业管理理论与方法层面的分析

研究者对一些企业管理理论与方法从用户驱动角度进行解读,为用户驱动研究提供了一定的理论基础,相关研究包括:①客户经济理论。周新军通过分析客户经济的历史背景,总结出客户经济三个基本内涵和五个基本特征,并号召企业围绕用户进行流程再造,阐述了客户驱动对企业价值链的影响[20]。②后市场理论。在“2013 中国工程机械后市场发展论坛”上,徐州徐工挖掘机械有限公司副总经理蒋明忠和沃尔沃建筑设备(中国)有限公司杨健鑫都强调了以用户价值为核心的后市场理念，认为后市场的标志即核心市场从产品销售转移到服务，企业应该从用户对设备的全生命周期的价值诉求入手，提升整个产业链的价值[21]。③六西格玛管理体系。六西格玛管理是一套客户驱动的追求卓越绩效和持续改进的业务流程改进方法体系，它以产品、流程持续改进为基本策略，通过理念、文化和方法体系的系统集成，最大限度地消除缺陷和消除无增值作业，降低成本，为客户创造完美的价值，以达到卓越绩效和客户完全满意的效果，综合提高企业的竞争力和盈利水平。章志刚[22]、邹斌[23]、车建国[24]、邹先军[25]等人都进行了相关研究。④净推荐值理论（Net Promote Score，NPS）。通过一种新型指标，衡量用户忠诚度并推动其增长，从而衡量企业在顾客关系方面的表现[26]。

4. 用户驱动在企业营销和用户关系管理层面的分析

研究者对用户驱动在企业营销和用户关系管理层面也进行了分析，主要包括：①客户驱动型营销。如李志认为客户驱动型营销与一般营销理论不同，不是简单响应顾客表现出来的显著的需求和渴望，而是仔细研究顾客，收集新的产品和服务创意并检验已有产品的改进空间[27]。曹慧以奇虎360公司为例探讨了客户驱动与服务驱动相结合的软件营销模式[28]。②用户关系管理。金萍、陈东通过对Morgen研究和Hennig-Thurau研究的对比分析，提出客户保留的主要驱动因素，同时为了保证客户保留项目的实施效果，分析了客户选择关系的动力和阻力因素[29]。王诚等人在对现有售后服务分析的基础上，提出了客户驱动的网络化售后服务系统总体框架模型和体系结构，并对系统实现的关键技术进行了分析[30]。郭伟刚、包凡彪在分析客户忠诚对客户关系管理的价值，客户忠诚的度量指标和维度分类的基础上，提出了客户忠诚的满意驱动、价值驱动、双因素驱动和多因素驱动四种驱动模式以及各因素对客户忠诚的驱动机理[31]。但斌等针对大型复杂产品维护需求多样化与维护服务效率较低的问题，提出一种客户需求驱动的大型复杂产品维护服务方法[32]。

二、计算机领域的用户驱动研究

在计算机软件及计算机应用领域,研究者对计算机程序开发过程中用户驱动进行了探讨,主要包括:①需求分析。如郭春明等以网络报销系统为例,对基于客户驱动的产品系统设计方法和工具——质量功能展开(Quality Function Deployment,QFD)进行了介绍[33]。曾诚等以需求元模型框架 RGPS 为理论基础,通过角色(R)、目标(G)、过程(P)和服务(S)这四个基本要素来对网络用户的真实意图进行建模,提出一种用户需求驱动的服务资源建模方法[34]。②软件开发。如柳雪涛等在开发“EM 医院信息管理系统”时引入了用户驱动报表的思想,设计出数据仓库系统中用户驱动报表工具并对数据模型、设计和实现等技术问题进行了讨论[35]。张立臣等为了有效解决软件的可用性问题,提出了以用户目标为中心,用户目标驱动功能的开发和界面交互设计的思想,并对交互设计与面向对象设计的结合方法进行了描述,对交互设计师和建模人员的职责进行了划分[36]。宿彦等基于“以计算机为媒介的群体沟通”环境下“知识断层”和“信息过载”问题,以研讨用户为中心,设计了用户驱动的研讨信息可视化平台[37]。③软件实施。如蒋方玲为了提高软件实施的成功率,从企事业单位用户的角度,构建了用户驱动软件实施的用户干系人模型,结合软件实施瀑布模型,提出了一种用户驱动软件实施的方法,并在招生系统的实施中进行了实践验证[38]。

三、工业经济领域的用户驱动研究

工业经济领域的用户驱动研究主要集中在工业设计方面。工业设计(Industrial Design,ID),指以工学、美学、经济学为基础对工业产品进行设计,该方面研究主要包括:①用户驱动对工业设计创新理论的影响。如汪立耕探讨了客户需求驱动的新产品定义方法,将倾听客户、融入客户消费环境、了解客户之声和构成场景图画、清晰表达产品概念作为产品设计的重要前提,并着重分析了创新型、改进现有产品型和客户定制型三条产品定义的路线[39]。迪莉娅将用户驱动型创新定义为:在产品创新过程中,围绕用户的需求和感受设计产品,并且在可能的情况下让用户参与到产品的设计、研发以及试验过程中,挖掘用户的潜力和能动性的过程,一方面提高产品的用户满意度,另一方面挖掘用户新的需求,提高企业可持续创新能力。她将用户驱动型创新分为两个层次,即以用户需求为中心的创新和用户参与型创新;提出两种用户驱动型创新方法,即用户之声和领先用户,并将这两种方法进行了比较[4]。王宏飞指出研究用户驱动力是产品设计创新中的重要一环,“不满足”的状态是用户驱动力的主要来源,也是创新设计的起点和归宿,因此结合社会环境研究用户的需要就成为产品设计中重要的前期环节,而“情欲”是一个很好的切入角度[40]。②用户需求对工业设计的影响。如彭军强等以工程机械产品为例,对客户需求驱动的机械产品个性化定制系统进行了研究,提出了客户需求和产品结构之间的分层关系模型,利用产品族的理论和模块化思想对产品进行分类组织,建立了产品模块之间的配置关系库,对产品进行快速配置[41]。蒋维等基于 Pro/Engineer 平台的强大三维建模功能,提出了一种客户需求驱动的锻压机床产品快速设计系统[42]。王枫红等以快速设计思想为指导,对以实现客户需求为驱动的婴儿推车快速设计平台展开了系统性研究与开发[43]。③用户期望意象对工业设计的影响。产品造型意象是指人对产品形态所产生的直觉联想,包括视觉的、触觉的、嗅觉的、听觉的和味觉的等种种感觉,并且脑海里形成对产品的某种意象[44],用户期望意象是用户对于产品需求的感性表达,不仅包括五官的感受,还包括生理的和心理的种种感受[45]。胡伟峰,赵江洪以造型特征线为研究对象,基于遗传算法提出用户期望意象驱动的汽车造型基因进化思想和方法流程[46]；陈登凯等以一款台灯设计为例，对用户期望意象驱动的产品造型融合创新设计方法进行了研究[45]。欧阳波、贺赟从人与汽车互动模式的变化出发，认为随着智能信息化社会的到来，人们对汽车的定义正在发生改变并将驱动汽车造型设计发生变革[47]。

四、电信领域的用户驱动研究

电信是信息化社会的重要支柱，主要指利用电子技术的信息传递，如无线电、电报、电视、电话、数据通信以及计算机网络通讯等。用户驱动在电信领域的研究主要集中在：①建网模式。凌东胜等将 20 世纪 90 年代以来我国城域网建设划分为四个阶段，并对 2001 年以后业界推出的“用户驱动型”建网理念进行了归纳总结，认为“用户驱动型”城域网是指以用户群体的主观意志为发展原动力，把用户的选择作为指导网络建设和运营的主要依据，设备制造商应以此为指导思想，力求提供最贴近宽带网络盈利模式的设备和解决方案，粗放的建设和运营模式必须摈弃，宽带网络运营商需逐步从以“圈地”为主转向以提供“有效”服务达到盈利为目的。同时，凌东胜等归纳出“用户驱动型”网络模型的五个基本特征，即丰富的多业务提供能力——随意组合；灵活的用户接入手段——兼顾扩展；强大的运营管理能力——按需定制；追求开放的网络扩展能力——平滑升级；多种网络兼收并蓄——任意互通[48]。乔楠[49]等进行了相似的表述。随着智能终端的普及，海量设备连接和各种新业务对通信网络的压力增大，针对新形势下网络架构和资源分配问题，刘自强等开展了用户行为驱动的自组织网络资源配置研究并提出相关设想[50]。②电信运营。李闽一认为随着电信运营商之间竞争的加剧，电信业的发展已经由原来的技术驱动转变为客户需求驱动和市场驱动，电信运营转向“以客户为中心”。在此背景下，企业的支持系统需求逐步向“以数据为核心的综合电信服务支持系统”过度,启动操作型数据中心和分析型数据中心[51]。陈文沛在明晰客户忠诚概念的基础上,运用层次分析法对通信企业客户忠诚度驱动因素进行应用研究,认为客户信任、客户满意和转网成本是影响通信企业客户忠诚的主要因素,其次是客户价值。通信运营商要建立客户忠诚,必须以客户导向的营销理念作为企业经营管理的主导思想,加强与客户的合作,提高服务质量,强化技术创新[52]。中国电信在 2014 年上半年财报中明确提出企业互联网化转型路线图,在基础业务领域,用互联网思维、方法进行改造升级,汪辉认为所谓互联网思维,就是客户驱动产品且快速迭代,提供免费和增值服务,并以客户体验为先[53]。

五、互联网领域的用户驱动研究

用户是推动互联网发展的重要力量,对互联网企业运营和技术发展都会产生重要影响。互联网领域用户驱动研究主要包括:①互联网运营。如 263 数据港总裁张大庆将企业在市场竞争中的成功归因为客户驱动和创新经营理念的确立,认为互联网数据中心(IDC)的优劣不应该从物理设备或机房面积上来体现,而应该时时处处反映“客户驱动”的理念[54]。张志华、何阳认为,“互联网 +”的本质是要发挥互联网在生产要素配置中的优化和集成作用,要在“互联网 +”时代重获用户竞争优势,运营商必须扬长避短,发挥传统客户服务优势,拓展后向、定向和众筹等新兴服务模式,提升用户体验[55]。余胜海认为小米的成功是互联网思维的成功,其核心是让用户参与进来,注重用户体验并根据用户的意见来改进产品。他认为当用户至上真正落到实处,成为企业灵魂,任何企业都有可能成为行业的领跑者[56]。②互联网技术开发。用户驱动观念同样对互联网技术开发产生影响,如牛永洁等为提高网页个性化,进行了用户行为驱动的网页布局自动调整研究,通过对 Web 日志的数据清洗,识别出每个用户在一个会话期内访问的页面，依据网页内容在逻辑上的关系和用户经常访问的页面，得到用户对网页内容的兴趣度矩阵及各子项目的兴趣度矩阵。对网络用户根据兴趣度矩阵进行层次化的分类，得到每个用户所属的类别。当用户访问网站时，根据该用户所属的类别进行网页布局的自动调整，让用户能够方便、快捷地访问到自己感兴趣的页面[57]。李倩倩等分析了用户行为驱动的在线社交网络建模，在考虑社交网络形成的一些重要驱动因素，如同质性和聚类性，在此基础上从网络连接的微观交互中寻求刻画网络宏观特性的连接机制，有力刻画了在线社交网络的统计特性，如度分布、聚类系数、度相关性，表明节点威望吸引和节点相似性是在线社交网络结构形成的内在机理[58]。

六、新闻传媒领域的用户驱动研究

随着互联网的兴起与发展，以单向传播为主要特征的传统大众传播方式受到冲击，纸质媒介渐入困境，从业者和研究者开始对媒体与受众关系重新进行思考，并从用户视角进行了分析。浙江日报报业集团社长、党委书记高海浩认为，在互联网时代，用户的内涵与过去的读者截然不同。在互联网催生的“一切产业皆媒体”趋势下，传统媒体必须围绕“用户为中心”进行融合创新，传媒互联网化涉及媒体定位、传播理念、体制机制、要素配置等全面变革和重组，媒体必须把服务用户、吸引用户、聚集用户作为出发点、落脚点和着力点，作为内容创新的评价标准[59]。麦尚文对浙江日报报业集团“用户战略”视域下的报业转型路径进行了梳理和思考，认为用户思维及其实践已成为报业转型的基本命题。他总结了浙江日报报业集团三大策略转变，即：理念变革：建设用户数据库，读者向用户转变；业务变革：建设内容资源库，大众向分众转变；经营变革：建设新媒体平台，新闻向服务转变[2]。林晖从“互联网思维”的角度分析了网路时代媒体的转型，认为在互联网时代，大众传媒已经从“受众中心”发展到“用户驱动”，意味着新闻从大众传播时代有着鲜明个性的“作品”演变成了互联网时代更强调效用的“产品”,“新闻人”要转型为“产品经理”,强调“用户驱动”的生产原则和走向超高细分内容订制。他同时也论述了坚守底线的新闻人思维的重要意义[60]。

七、档案管理领域的用户驱动研究

随着档案管理工作服务意识的增强,用户的主体地位逐渐被认同,并促进了用户驱动研究在档案管理领域的开展,主要包括:①档案收集。如段振波对档案用户需求驱动的档案收集模式进行了探讨,分析了新时期档案用户及其对档案需求的特点和对制约档案用户需求的成因,明确提出了树立“以人为本”的“社会档案观”的重要性[61]。冯钊认为随着户信息需求越来越多样化、专业化和深层次化,我国档案馆的馆藏建设并不充分地与用户信息需求契合,在对当前档案馆馆藏建设弊端分析的基础上提出了建设路径[62]。②个性化服务。如张卫东等对现代网络环境下档案用户需求驱动的个性化服务模式进行了研究,在对用户特征分析的基础上提出档案个性化服务解决方案并对方案实施的各要素进行了分析[63]。宋春玲也进行了该方面的思考,基于对用户兴趣、角色、背景等因素的关注,从培育用户的档案意识、预测用户需求和确定集中用户群三方面进行了探讨[64]。③知识服务。程娟从企业发展战略的角度,对企业档案的开发进行了思考,在对档案知识资源开发必要性分析的基础上,提出了基于客户需求分析的档案开发原则、方法和目标[65]。毕建新等分析了知识源、知识服务专家、知识用户、知识通道和干扰因素等档案知识服务的五大要素,构建了用户目标驱动的档案知识服务模型框架,并从信息集成、知识采集、知识组织、知识存储、用户建模和知识服务等几方面分析了档案知识服务的流程[66]。

总体而言,用户驱动研究仍然处于初级状态,体现在相关研究文献绝对数量少和尚未出现高峰期(数量上持续保持一定量级)两方面,这与用户研究其他方面形成对比。究其原因:一方面,用户观念或用户意识还有待进一步提高。尽管用户在商业行为或公共服务中的重要性得到进一步认可,但作为创新源泉和驱动力因素的思考还不太充分;出现一些探讨用户驱动重要性的研究文献,但对其基础理论、实施范围和操作方法的讨论还较少。另一方面,相关研究课题立项不足,在一定程度上影响到研究成果的产出。用户驱动研究的一些基础性问题迫切需要学者进一步探索。

就目前用户驱动研究中用户指向性来说,作为基于用户本义的研究仍然是研究的主要方面,即指某些设备、商品、服务的使用者或者消费者(除用户驱动作为高频词出现之外,客户驱动、用户需求、客户需求、用户研究、用户期望、用户行为、客户忠诚度都出现频次较高且都表述用户一词的本义)。其次,图书馆学领域对用户驱动研究关注较高,图书馆、数字图书馆、馆藏建设、学科服务、高校图书馆、读者决策采购等关键词反映出用户驱动对图书馆学研究的影响。

第二节　国外用户驱动理论在图书馆的应用

传统的图书馆馆藏资源建设模式是由图书馆馆员主导,基于其自身对该图书馆主要用户群体的了解情况,再综合考虑书评、出版社等因素做出采购决定。这种资源建设模式又被称为“储备采购模式”(Just-in-case)。1969 年,特鲁斯威尔(R. W. Trueswell)提出著名的图书馆馆藏资源利用的“二八定律”,即 20% 的馆藏资源获得了 80% 的利用率[67],揭示了储备采购模式下图书馆馆藏资源利用率低下的问题。另外,有限的资源购置经费与不断增加的资源之间的矛盾一直是图书馆需要解决的重要问题。如何高效利用有限经费,购买读者切实需要的资源就显得至关重要。用户驱动采购模式对克服较为普遍的文献供需矛盾、提高文献利用率具有巨大的作用。第一，读者将直接参与采购工作，这样可以使图书馆新增的图书更加贴合读者的需求；第二，研究结果可以改变图书馆的资源建设模式；第三，减少了许多不必要的书籍的采购，节省了采购经费。

用户驱动采购是一种以用户需求为核心的图书馆馆藏资源建设模式。用户驱动采购的发展从根本上改变了图书馆原有的馆藏建设模式，解决了传统馆藏建设模式中馆藏利用率低下、馆藏图书占用空间较大、投资回报率较低等诸多问题。在实际操作中，用户驱动采购的过程如下：①图书馆与书商确定符合本馆藏书发展政策的预设文档，包括购书范围、参数和标准等；②书商根据预设文档要求向图书馆提供符合要求的图书 MARC 记录；③图书馆把 MARC 记录导入本馆自动化系统；④读者通过 OPAC 系统检索到书目记录后，可以点击链接直接阅读电子书，也可以要求提供印刷本，然后由图书馆统一付费租用或者购买。

用户驱动采购在国外已有一定的发展历史，尤其是在美国已经有近 30 年的实践历史，相应的理论研究较为深入，成果也较为丰富，涉及的文献类型包括学术论文、学术专著、会议论文等多种形式。

自 1990 年巴克内尔大学图书馆开展基于馆际互借的 PDA 模式开始，普渡大学、丹佛大学、杜克大学、康奈尔大学、爱荷华大学、威尔斯利女子学院等知名院校图书馆都尝试开展了 PDA 模式。虽然目前 PDA 经费占图书馆购书经费比例还普遍不高，但其带来的良好效应已为许多图书馆所认可，所以 PDA 的应用规模也在不断扩大。一些图书馆的 PDA 经费已达到全部采购经费的 50%，亚利桑那大学图书馆更是将购书经费的 80% 用于 PDA[68]。

一、纸本图书用户驱动采购项目

1. 基于馆际互借的用户驱动采购

随着图书馆事业的不断发展，馆际互借（Interlibrary Loan，IIL）服务得到越来越多的重视，美国、英国、日本等多个国家都建立了自己全国性的联机互借系统，如美国的OCLC（Online Computer Library Center，Inc.）。馆际互借是一种图书馆之间根据协定相互利用对方馆藏作为本馆馆藏的延伸，以弥补自身馆藏不足的图书馆资源共享方式。

用户驱动采购的出现源于传统的馆际互借服务，开始时是作为图书馆纸本馆藏建设的补充手段。与前述的“储备采购模式”不同，用户驱动采购是一种“即时采购模式”（Just-in-time）。用户驱动采购最早起源于1990年，美国巴克内尔大学伯特兰图书馆为了减少馆际互借量，补充纸本馆藏，决定购买该校师生请求馆际互借的纸本书。1999年，Jennifer Perdue等人利用1990年巴克内尔大学伯特兰图书馆实行的基于馆际互借请求的PDA数据，包括平均传递时间、平均价格、处理成本、流通次数统计等数据，分析得出基于馆际互借请求的PDA模式有利于减少馆际互借量、减少支出成本[69]。

源于馆际互借请求的PDA，指对用户通过馆际互借请求无法借到的纸本图书，尤其是出版的新书进行加急采购。图书馆在采购图书到馆之后通知申请者借阅。因为馆际互借专项经费是有限的，所以图书馆会对购买图书的价值、内容和价格等方面进行限定，如杨百翰大学图书馆规定：只有低于50美元且非小说类的图书，才能用馆际互借专项经费进行购买。美国巴克内尔大学最早尝试基于馆际互借请求的PDA模式之后，西纽约图书馆资源协会采用集中出资的方式购买联盟没有馆藏的馆际互借申请图书[70]。

21世纪初普渡大学图书馆实施了一系列与PDA有关的政策。2000年普渡大学实行了“按需购书”（Books on Demand）项目，即基于用户馆际互借请求采购图书,若图书达到图书馆预设参数,图书馆则采购该图书。2000 年该馆对馆际互借的图书实施了购买而非借阅的政策,并与书商达成了协议:近五年内出版的 150 美元以下的学术型图书由读者决策购买,读者下单后一周即可送达;超过 150 美元的图书,则由图书馆员审核决定是否购买。2002 年该馆又扩大了读者决策采购的范围,允许读者决策购买英文类以及非小说的图书。2009 年再次做了修改,允许读者决策购买近三年出版的图书及 DVD,而且不局限于英文图书。该图书馆还对读者决策采购的图书进行了研究,认为其中 85% 的图书质量较优[71]。2002 年,Kristine J. Anderson 等人对两年来读者决策采购的图书与传统模式下采购的图书在数量、总交易次数和平均流通次数等方面进行了对比分析,发现基于馆际互借请求购买的图书平均流通次数更高。用户驱动采购模式可以作为图书馆馆藏资源建设的有效补充手段,其不仅可以使用户在馆藏资源建设方面提出自己的建议,也能够弥补跨学科领域研究的不足[72]。2010 年,Kristine J. Anderson 等人再次对 10 年的项目数据进行分析,发现基于馆际互借请求的用户驱动采购模式有利于增强馆藏的跨学科属性、提供给用户(尤其是研究生)荐购馆藏的便利途径,并且基于此模式采购的图书流通率更高[73]。伊利诺伊学术研究图书馆联盟亦采用此种采购模式,每周分几次将满足预设条件的馆际互借申请提交给采购部门进行采购[74]。

基于馆际互借请求的 PDA 模式,满足了读者对图书馆未购图书的借阅需求,即如果馆际互借可以获得该纸质图书,则无须重复购买,最大限度利用他馆已有馆藏;如果无法获取,则对符合采购要求的无馆藏图书进行购买。此种模式充分利用了已有馆藏,将有限的经费用于购买符合用户需求,质量较高的图书。同时,此种采购模式也有一定的不足。图书馆先要对用户请求进行审核,加之采购图书从下单到送达图书馆亦需要一定时间,图书馆员还需与用户取得联系,通知借阅,所以用户根据需求提交馆际互借申请,至图书到达用户手中,需要较长时间,有的用户可能已经不再需要该图书,时效性受到一定影响,降低了用户体验的效果。

2. OPAC 征订书目请求的用户驱动采购

随着 Web2.0 和计算机技术的发展,读者、馆员、书商、物流等跨系统、跨网站的交互技术得以实现,基于 OPAC 查询目录的用户驱动采购模式得以迅速发展。2003 年 Richard Hulsey 发现传统的馆际互借投资回报率低,提出用联机全文数据库代替馆际互借更好地进行图书馆服务[75]。2010 年 Michael Levine-Clark 介绍丹佛大学彭罗斯图书馆采用将书目 MARC 记录上传,供师生自由选择所需图书的馆藏建设方法[76]。

基于 OPAC 征订书目的 PDA 模式,主要指用户通过检索图书馆预先导入的 OPAC 征订书目数据而提交采购申请,图书馆进行采购。这一 PDA 的流程为:图书馆根据一定的馆藏标准对书目进行筛查及查重等处理后,把书目 MARC 数据导入图书馆 OPAC 系统中;用户在 OPAC 系统进行检索时,发现所需图书,可点击"请求购买这本书"。此时用户填写的购买请求单会发送给图书馆采访部门,由采访部门进行处理。采购部门定期检查请求列表,根据一定的原则进行采购,并告知读者获得此书需要的时间以及是否有电子版等信息。PDA 的图书到达申请者的途径有两种:一种是由图书馆进行编目后借给用户,还有一种是直接由书商寄给用户,待读者借阅完毕后再进行编目收入馆藏。无论是何种方式,均由图书馆支付购买图书的费用。

基于 OPAC 征订书目的 PDA 模式是目前较为主要的纸本图书 PDA 模式。因为这种模式可以给用户提供图书目录,从而帮助读者选择和了解图书信息,加快了读者借书的速度和效率,所以国外大多数图书馆的纸本图书都采用了这种 PDA 模式。此种模式中,OPAC 的书目质量对 PDA 的采购质量起到了决定性作用,所以需要设定较为明确的馆藏标准,即图书馆收到书商提供的征订目录后,符合一定条件的书目才会导入 OPAC。限制条件包括出版时间、价格、语言以及学科等要素。此模式的基本特点是图书馆员干预较少,馆藏标准限制较为严格。

康奈尔大学设定的标准为:只允许读者决策五年内的学术性英语专著,即会议论文、学位论文、教材、小说、励志类读物等图书都不在读者决策采购的范围之内。同时,还要求读者决策购买的图书价格不高于 150 美元并且必须在一周内到货。其具体操作方式为:读者检索 OPAC 时发现所需图书,可以点击"请求购买"。如果图书馆没有此馆藏,系统会提示读者"图书馆将购买此书",并且告知获得此书的大致时间以及是否会有相应的电子版等。图书馆购买后,供应商会直接把书寄给读者,读者将签收的账单转交给图书馆进行付款。待读者使用此图书后,再归还给图书馆,图书馆再对其进行编目加工等处理,收入本馆馆藏。这种 PDA 模式的运作方法可以实时满足读者的借阅需求,有效缩短延误时间,同时也保障和提高了馆藏利用率[77]。

与基于馆际互借 PDA 不同的是,康纳尔大学图书馆的做法是采购符合馆藏标准的图书后直接寄给读者,读者阅读完毕后再归还到图书馆进行加工处理。这样可以使急需图书的读者减少图书馆加工的中间环节,缩短等待时间,确保了一定的时效性。但是这种做法也有一定的局限性。从交易成功到读者将图书归还给图书馆进行编目加工处理,再到图书上架入馆藏,这期间大约需要较长时间,甚至长达几个月的时间。期间图书馆必须将用户提交的最新购买请求和已交易成功但未编目馆藏的书目进行比对,以免出现同一本书大量或多次购买情况,对图书馆采购资金造成浪费。

另外,伊利诺伊大学香槟分校图书馆也实施了基于 OPAC 征订书目请求的纸本图书 PDA 模式。2010 年图书馆与书商 YBP(Yankee Book Peddler Inc.)合作,将一年内出版的价格低于 300 美元的学术型英语图书提供给读者进行 PDA，只要是没有馆藏的图书，一旦发出请求便立即进行购买。图书馆还与书商协定，所购买的图书必须在三日内送达，保证了读者借阅的时效性[73]。

3. 荐购图书请求的用户驱动采购

荐购图书请求的用户驱动采购，也是用户驱动采购的一种重要方式。其流程为：用户发现所需图书后，向图书馆提交推荐购买此图书的请求，图书馆采访部门收到这条请求后，将此请求推送给相关的学科馆员，由该学科馆员决定是否购买该本荐购图书。其与 OPAC 征订书目请求的 PAD 不同之处在于，图书馆订购用户荐购的图书后，不通知荐购人前来借阅此书，仅是根据荐购情况进行馆藏建设。

美国德克萨斯 A&M 大学图书馆实行了基于网页的读者荐购模式，即读者发出图书请求，如果图书馆没有此馆藏，且图书价格不超过 150 美元，图书馆则进行采购。运作流程如下：读者以推荐购买的方式发出请求后，对于不超过 150 美元的图书，图书馆系统会自动将此图书列入采购计划中。对于超过 150 美元的图书，则不能立刻被批准，需要馆员进行批准，而且馆员也会及时与读者沟通联系。

德克萨斯 A&M 大学图书馆自 2006 年实施荐购图书模式以来，共收到 13 121 条荐购请求，其中 9825 条（75%）请求被采纳，另有 2767 条请求的图书由于馆藏已有，未被订购。分析数据发现，提交荐购图书请求的读者中，教师占 44%，研究生占 27%，本科生占 19%，职工占 9%。读者调查显示，61% 的读者对图书馆实施 PDA 模式表示非常满意，36% 的读者对图书馆实施 PDA 模式表示满意；准确购买的图书达到 99%，95% 的图书送到准确的地点，并且读者希望继续保持该采购模式[78,79]。2010 年 Leslie J. Reynolds 等人通过研究德克萨斯 A&M 大学图书馆用户驱动采购的相关数据，发现用户驱动采购模式能够极大地调动用户参与馆藏建设的积极性，并且能够提高书目利用率，但仍有 20% 的受访馆员对采购书目的适用性存疑[80]。

爱荷华大学图书馆亦实施了此种荐购图书请求的 PDA 模式，其基本模式也是读者填写购买请求以发出荐购图书请求，请求生效后即列入采购计划[81]。

基于图书荐购请求的 PDA 模式的最大特点是采购读者荐购的图书后，该图书直接入馆藏，不会通知荐购者前来借阅。这种方式本身具有一定的缺点：一方面，如果荐购图书适用人群较少，则对在一定程度上浪费了采购经费；另一方面，荐购图书采购成功后，荐购者未能得到及时告知或回复，即荐购者在不知道图书馆购买了此书，其可能放弃阅读此书或者通过其他途径获得资源，所以这种 PDA 模式其实对用户没有太大的帮助，无法提升用户的满意度。

二、电子图书的用户驱动采购项目

随着 Web2.0 技术的发展和社会网络的出现，PDA 有了进一步发展的条件。在数字化时代，PDA 更多地指图书馆基于读者的实际浏览与阅读情况，以是否达到一定的标准或参数为衡量指标，决定是否触发对某一文献购买指令的资源建设新模式[82]，主要用于促进电子资源的馆藏建设。各图书馆 PDA 的触发标准视其与不同书商签订的合同条款而定，不同书商在电子书订购的触发机制和订购类型上的标准也不尽相同。目前，国外提供 PDA 模式的书商主要有 EBL（Ebook Library 澳洲电子图书系统）、YBP（Yankee Book Peddler）、ebrary 公司、Ingram 公司等。

一般来说，电子图书 PDA 模式主要是图书馆将符合选购标准的电子图书的书目信息导入本馆馆藏目录，用户在搜索图书馆目录时可以轻松检索并打开使用这些电子图书。当用户对该电子书的使用满足了电子书出版商和图书馆协商好的规则标准（例如浏览超过十分钟，或进行下载打印行为等）时，图书馆对该电子书的购买自动生效。

2009 年，艾奥瓦大学图书馆与 ebrary 公司、YBP 图书馆合作开展电子图书的PDA。2013年艾奥瓦大学图书馆实施电子图书PDA已经四年,该校的Karen S. Fischer和Chris Diaz分别从支出成本、出版商、主题、最高利用率书目和用途等方面对用户驱动采购的实施情况进行评估[81]。2014年Urbano等研究者还重点对电子资源的馆藏建设模式进行研究,基于用户搜索行为提出建立全新的本地目录来满足用户需求的模式[83]。2017年Zhang Yin等研究者对直接采购与短期租借两种采购模式进行了比较分析,为图书馆更好地进行电子资源的采购提供了依据[84]。

1. 爱荷华大学图书馆

爱荷华大学于2009年9月开始与ebrary的PDA项目,从最初开始至今已经持续了许多年,有较丰富的经验。用户浏览超过十分钟或十页后,即视为一次短期租借,三次租借后,即触发购买。爱荷华大学购买图书馆用户使用的电子书已花费超过五十万美元。

另外,爱荷华大学的PDA档案是根据印刷书籍的YBP批准计划改编的,不包括Elsevier、Springer、Sage、Brill、Ashgate和Wiley等出版商。用户提交购买申请的上限是每个电子图书不超250美元。爱荷华大学的PDA项目花费了超过五十万美元购买用户需要的电子图书,节省了很大馆藏空间,同时通过三次短期租借触发购买的方式节省购买经费,防止购买大量不常用图书。

杨百翰大学图书馆也采用了PDA模式,它规定用户点击五次或阅读总时长超过三十分钟就会触发购买[85]。2012年,Rebecca Schroeder对杨百翰大学图书馆采用PDA模式和传统采购模式采购的电子书、纸质书进行比较研究,发现PDA模式更有利于用户开展项目研究。Rebecca Schroeder还对五种PDA模式进行归纳比较。

2. 丹佛大学图书馆

丹佛大学图书馆拥有340万册藏书,是科罗拉多州研究图书馆联盟的主要成员馆,其战略规划是到2030年,实现数字馆藏的即时获得，实现馆藏的按需购买，保持最小的纸本馆藏。2000 年到 2004 年丹佛大学图书馆共采购、编目图书 126 953 种，使用资金逾 500 万美元。但是到 2009 年统计发现，这些藏书有近 40% 从未流通过，价值约 228 万美元；余下的 60% 图书利用情况也不甚理想，流通过两次的图书占 20%，价值 118 余万美元，三次的占 8.2%，价值 47 余万美元，4 次的 18.8%，合 108 万美元，图书流通量每年持续下降。迫于这种情况，图书馆变革图书采购方式，让读者自己挑选需要的图书。

2010 年丹佛大学图书馆与 EBL 公司达成电子书合作协议，开展电子书 PDA 项目。图书馆先对 EBL 提供的预购书目进行挑选，将其中的非学术记录删掉，之后将 2 万条 MARC 记录导入本馆 OPAC 中，读者在检索中发现并点击阅读。用户可以免费浏览 5 分钟或 10 页，超过浏览时间后视为短期租借，即一次性的 24 小时外借，按次付费，其费用远低于购买价；当短期租借超过三次即触发自动购买，即基于设置的短期外借次数购买，价格与纸本价格相同，购买后电子书随即转为永久馆藏。通过免费浏览、短期租用、采购等方式，实现了资金使用的最大化。

在此期间，读者共免费浏览 5397 种、短期租借 2988 种、购买 255 种，总计 8640 种图书。如果购买这些纸本图书需要 67 万美元，而图书馆只用了 5.9 万元，直接节省了 61 万美元，相当于全部采购这些电子书的 9% 的费用。实际节省的费用还不只这些，若以传统方式，图书馆将 2 万种书全部买下，则需要至少 150 万美元，从而造成经费的巨大浪费，不仅半数以上的资金用来购买无人需要的藏书，而且纸本图书还会带来很高的贮存成本。PDA 可以使读者即时阅读全文，不会产生零利用率，从而图书馆可以将更多空间给予读者，增加小组学习和研修区域。详细数据如表 2－1 所示：

表 2－1　2010 年丹佛大学图书馆 PDA 项目数据

使用类型	种数	费用($)	纸本价格($)	节省费用($)
最终购买	255	19 510	19 510	0
短期租借	2988	39 831	214 974	175 143
免费浏览	5397	0	436 691	436 691
总计	8640	59 341	671 175	611 834

对于 PDA 模式,该图书馆内也有争论,一些人认为这是剥夺学科馆员拣选图书的权责,会造成学科化、系统化藏书体系的失衡、资金的浪费等。对此,该馆资源建设负责人 Michael Levine-Clark 表示:事实证明这些说法是没有说服力的,PDA 可以使学科馆员从一些程式化的工作中解脱出来,去做一些更艰巨的工作,如加强同院系的沟通和联系,开展学科服务。对于“读者不知道该选什么,只有我们知道”的说法,他回应说:“我们买来的书一半都未被用过,那种认为完全依靠我们自己建设全部馆藏的想法只是一个神话。”[82]

从丹佛大学的实验数据来看,该实验共涉及 8640 种图书,其中 62.47% 的图书仅提供免费浏览,34.58% 的图书进行了短期租借,其余约 2.95% 的图书进行了永久购买。这些数据说明,若图书馆购买了全部电子资源,实际上其中大半部分资源的利用率极低,而只有两百余种资源得到了有效利用,实现了图书馆的采购价值。笔者比较认同丹佛大学图书馆资源建设负责人 Levine-Clark 的说法,PDA 可以省去图书馆员做一些机械的、缺乏专业技能的劳动的时间,转而去做一些学科服务、图书推荐的工作,让图书馆采购的每一本书都能得到利用。不过,丹佛大学图书馆的 PDA 设定用户浏览五分钟即视为一次短期租借,免费浏览时间较短,虽然短期租借的费用不高,但是长期核算仍有一定的浪费。

3. 阿肯色大学图书馆

阿肯色大学图书馆一直以读者的需求和课程的需求为中心，专注于支持大学教学和研究任务的收购。该馆经过比较，决定使用 ebrary 的 PDA 服务。该馆 PDA 仅包括学术书籍，不包括流行的作品和教科书，并设定了 250 美元的价格限制。PDA 设置为只允许单用户访问，但如果需要，可能会升级到多用户。从本地目录中加载了 ebrary 的 Machine Readable Cataloging 记录，并添加了一个本地系列条目"ebrary electronic books DDA"，保证这些记录可以被轻松地检索到，以便全球更新。

阿肯色大学图书馆对 2012 年 6 月 1 日至 2013 年 9 月 4 日期间的 PDA 情况进行了分析研究。期间，顾客共触发了 1073 本书，其中购买的图书占 21%（225 本书），平均每月 15 本，售价为 2009.63 美元。39% 的图书是在三次触发事件之后购买的，59% 的图书是在首次使用时购买的。那些未购买者的平均成本是 13.40 美元，在某些情况下，这比借用这本书的成本还要便宜。而通过 PDA 的图书中 50% 以上的使用都超过了五次，尤其是在三次触发后购买的图书，其中 95% 以上的图书使用次数都超过了五次。可见，这些图书都是读者需要的重要馆藏，但其中不排除同一位用户多次使用这本书，所以为了确保一本书真的是一个很好的馆藏选择，最好在购买之前能有多次的使用[86]。

该 PDA 模式的缺点是仅包括学术书籍，不包括流行的图书以及其他非学术类书籍，PDA 使用范围较小，这就需要图书馆员进行人工采购。250 美元的采购上限限制了价格较高的作品，特别科学技术领域的作品，以至于此种模式下购买书籍数量最多的是人文学科。此外还需注意，如果一本图书的短期租借都是同一个用户多次触发的，那么该书也不一定是图书馆需要采购的。从这一方面来说，图书馆的系统在基于三次触发事件之后到购买图书之前，需要进一步筛选，如果三次触发事件是同一用户的行为，那么这本书是否需要采购还需人工处理或者系统内增加一条规则来进行干预。

4. 加利福尼亚州立大学的波拉克图书馆

美国加利福尼亚州立大学的波拉克图书馆与几家电子书商签订试用协议并进行了为期 8 个月的 PDA 试运行，最终选择与 EBL 合作实施 PDA 项目。EBL 提供的 PDA 服务较为灵活，用户可以免费浏览 5 分钟，然后提供三种购买选择。第一种，短期借阅，可一次性借阅 24 小时。短期借阅的付费低于图书的价格。第二种，中间获取，允许读者在五分钟浏览时间之外的额外时间浏览图书。馆员可以拒绝读者的请求，也可以采用购买或者提供短期借阅的方式批准读者的请求。第三种，自动购买模式，即根据读者提出短期借阅的数量触发自动购买[87]。该馆实行的 PDA 模式是一种充分个性化的体现，提供了三种不同的购买方式，可以让用户自己选择。

5. 佛罗里达州图书馆

2009 年 4 月，美国佛罗里达州图书馆与 Coutts 图书服务公司利用 MyiLibrary 平台建立了用户驱动采购电子书的项目，采用用户驱动购买电子书的模式。图书馆预付 Coutts 公司 20 万美元，并为不同的学科建立严格的审批文档；Coutts 公司上传图书馆电子馆藏到 MyiLibrary 平台，进行查重匹配，从而避免电子书重复；然后导入近 5000 条 MyiLibrary电子书记录到佛罗里达州图书馆的目录。电子书记录包括嵌入到 Myilibrary 电子书平台的链接，这些链接和目录中的其他电子书记录没有任何不同。对于用户来说，电子书的获取是即时的、无缝的，任意电子书在使用的第二次就会触发购买。PDA 在佛罗里达州图书馆的试行持续了 6 个月（2009 年 3 月到 9 月），此间共购买电子书 193 种，共被使用 912 次。另外，418 册书只使用一次，因此没有引发购买。最终每本书的平均价格为 106.86 美元，相对来说价格较为低廉，尤其是对于科学、技术和医学类的电子书而言。此外，在试行结束后，193 种图书中有 150 种（78%）继续被用户使用。6 个月试行期间所有电子书总使用次数为 1974 次，不包括重复使用的 614 次。可见，采用 PDA 模式采购的电子书具有较高的使用率，从成本效益的角度而言，这种运行模式在很多层面上是成功的[88]。

该项目的优点是将电子馆藏上传到平台，对馆藏进行查重，避免重复购买。缺点在于，任意电子书在第二次使用就会触发购买，这里要考虑到用户误触的可能性。因为误触而导致购买，对采购经费而言也是一种浪费，所以将触发购买的次数设置为三到五次较好。

此外，2003 年，Wray 等人介绍了威斯康星大学麦迪逊分校和普渡大学两个图书馆进行的 PDA 项目，从周转时间、平均成本、用户满意度和后续流通情况对其进行描述和对比，对不同学科领域不同 PDA 模式的适用性进行进一步细化。2004 年，Chan 等人用速度、后续使用、内容适用性和交易成本四个要素来评估香港大学图书馆的用户驱动采购项目。2011 年，Lisa Shen 等人基于为期 16 周的试行项目对 PDA 和传统采购模式进行对比，研究 PDA 在图书馆馆藏建设中的影响。2013 年，Daniel 等人介绍了科罗拉多州立大学图书馆实行的 4 种 PDA 模式，并对图书馆编目政策、过程以及对管理 PDA 记录的员工要求等方面进行了研究。2013 年，David McCaslin 从用户积极性、学科偏向性、用户反馈、重复书目、服务相关成本等方面对加州理工学院与 Amazon 合作的项目进行评价。

三、国外用户驱动采购项目主要特点及问题

1. 国外用户驱动采购项目的主要特点

PDA 模式与传统采购模式相比，主要优势在于：读者实际使用文献后才支付费用（少量需支付年费的除外），然而采用传统采购模式，无论用户使用与否，一旦采购即需付费。所以，从增加有效的学术资源和提高馆藏利用率以及有限经费效益最大化的角度来看，PDA 模式

比传统采购模式更经济。PDA 模式的核心思想是相信读者比采访馆员或学科馆员更有发言权,由读者直接决定选购图书的品种,可以使有限的采购经费实现产出最大化。

在服务理念方面,PDA 模式是为了满足客户的需求而建立的,是一种用户参与选择的购书模式,大多数都采用加急订单等手段,并且购书后可将图书先给顾客使用再进行编目,体现了以读者为中心的服务理念。在采购主体方面,传统的图书采购,图书馆拥有绝对的决定权,而在新型的 PDA 模式中,读者、书商以及图书馆共同参与,三者协调发展,合作共赢。在选书方式方面,无论是纸本图书 PDA 项目还是电子图书 PDA 项目,读者都是通过线上的书目进行图书选择,通过网络检索替代现场选书的传统方式,提高了效率,节省了时间与空间。另外,虽然图书馆的馆藏标准各不相同,但是为了实现图书馆馆藏最大限度地合理利用,图书馆采购图书时,仍需严格遵照馆藏标准。

2. 国外用户驱动采购项目中的问题

国外图书馆在进行 PDA 项目的实践和研究时,也存在一定的问题。虽然 PDA 模式在很大程度上保证了图书馆采购图书为用户所需,能够有效提高采购图书的利用率,但是不可避免也会出现用户随意提出购买请求的现象,造成短期内消耗大量购书经费,而使此模式无法长期稳定运行,因此也被人戏称为“先到先得”。由此可见,经费控制问题是 PDA 实施过程中的重要问题。实施过程中,管理员可针对用户群体设置不同的权限和操作上限,一旦超过预算就取消用户的选书权限,直到经费可用为止。HSLC(Health Sciences Libraries Consortium,健康科学图书馆联盟)/Access Pennsylvania 项目[该项目的资金由美国博物馆和图书馆服务学会负责管理的图书馆服务和技术法案(LSAT)基金,以及由联邦图书馆办公室管理的图书馆采访基金提供]的执行主任斯科扎(J. Scorza)认为:“假设我们在起初的六个月就用完了全年的 PDA 预算,但是经费的使用符合馆藏标准,无论在年初还是年末买书,反正都是要用掉的。”但是这样的做法经常导致一年内购买经费的使用严重失调,后半年出版的新书无法及时购买,造成读者无法及时借阅需要的图书,这样就阻碍了新书中的新理论新概念的传播。这对于一般读者来说可能无关痛痒,但是对于学术前沿的科研工作者来说无疑是严重的影响。新书购买的停滞会导致该图书馆对一部分学科前沿用户失去吸引力,这对高校图书馆有较大影响。

四、国外用户驱动采购项目的发展趋势与展望

PDA 作为图书馆降低成本、提供用户所需资源的有效方式,在近三十年里得到了飞速发展。PDA 作为传统资源建设模式的补充,为图书馆优化馆藏、提高馆藏利用率提供了一条良好的途径。但是 PDA 在实施过程中也出现了经费控制等问题。对此可以尝试将全年预计的 PDA 经费细分到每个月或者每个季度,当一段时间内的购书经费使用完之后暂停购买,直到下一个时间段开始,这样能保证购书行为不会集中在全年的某一个时段,而是较均匀地分布在一整年中,使图书馆馆藏可以逐月增加,并且可以用合理的经费购买学科前沿的新资源。

第三节　我国图书馆用户驱动研究现状分析

图书馆工作重心实现从藏书建设到读者服务的转移,是图书馆现代化进程的一个重要转折点。随着图书馆社会职能、技术手段、管理理念以及服务方式的变化,读者对于图书馆工作的重要性在不断加强,已经成为图书馆创新的主要驱动力。当前环境下,图书馆创新体现为围绕读者需求这一核心内容,进行资源(包括人力资源和信息资源)、技术和管理方式的整合,读者需求与读者体验成为图书馆工作的

主要评价标准。当前,图书馆服务体现更多社会公共服务的一般性特征,商业领域的用户驱动理论对于图书馆服务的影响不断增加。

图书馆服务从“读者中心”到“用户驱动”的变化有其现实背景。在互联网环境下,图书馆信息资源服务面临更多竞争者。国家对公共文化服务的重视以及社会公共文化服务体系的构建对图书馆社会功能的发挥提出了新的要求。同时,新的信息资源传播和获取方式促使图书馆做出变革,以适应现代读者行为习惯的变化。用户驱动理论是传统读者为中心思想的进一步延伸,其含义是图书馆真正把读者放在图书馆系统运行的核心位置,把读者需求作为图书馆运行的前提和条件,提高图书馆服务的精准性、舒适性和易得性,把读者需求变化以及行为方式的变化作为图书馆服务创新的原始驱动力[9]。图书馆用户驱动研究是现代企业管理理论对图书馆管理产生影响的具体体现,体现出图书馆对吸收其他领域理论基础上对原有服务理念和管理方式的反思,为当前环境下图书馆服务创新提供了理论基础。对于国内图书馆用户驱动研究情况,李显志[89]、胡钦文[90]、唐吉深[91]等人从不同角度进行过综述性分析。本节以图书馆情报学研究领域的核心研究文献为分析样本,对当前我国图书馆用户驱动研究现状进行重新梳理,并对今后该领域研究提出建议。

一、文献调研

1. 样本选取与方法

在文本选取方面,本研究选取如下路径:①“万方数据库”选择“图书情报档案”学科,检索词选择“题名或关键词 =(用户 or 读者)and(驱动 or 决策)”,限定为核心期刊;②“维普期刊资源库”选择“图书馆情报学”学科,检索词选择“题名或关键词 =(用户 or 读者)and(驱动 or 决策)”,限定为核心期刊;③“中国知网(CNKI)”选择“主题 =(用户 or 读者)and(驱动 or 决策)”,限定为核心期刊。检索时间截至 2018 年 1

月 8 日,共得到相关文献 120 篇。鉴于近些年国内图书馆用户驱动研究的泛化,笔者选取图书馆情报学领域的核心期刊作为文献来源,以控制相关研究的质量。笔者主要通过对相关文献年度数量变化分析和关键词词频分析,以对当前国内图书馆用户驱动研究情况进行整体概括。

2. 文献年度分布

分析文献年度分布,旨在了解图书馆用户驱动研究的发展脉络与走势。笔者对所获文献年度分布情况进行统计分析,如图 2－1 所示:

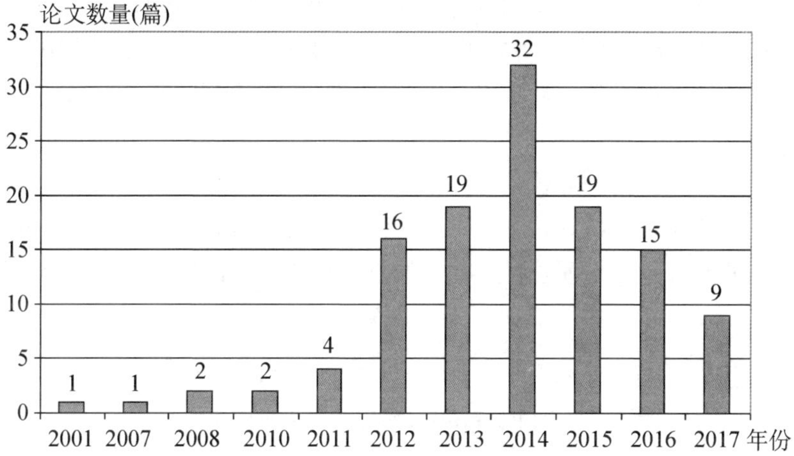

图 2－1　图书馆用户驱动研究论文年度分布

相关文献年度数量变化显示,2000 年以后,用户驱动理念在图书馆情报学研究领域开始出现。2010 年,谷秀杰[92]发表《美国大学与研究图书馆协会(ACRL)年度学术图书馆十大趋势》,其中提到美国高校图书馆藏书建设开始出现基于读者需求驱动的图书采访系统。2011 年,张甲和胡小菁[93]正式将美国读者决策采购研究引入国内,从而推动国内相关研究的迅速升温。相关研究文献显示,2012 年至 2016 年是图书馆用户驱动研究成果发表较为集中时期,一些基金项目的立项对于该领域研究起到推动作用。2016 年以后,该问题在图书馆情报学研究领域受到的关注度开始下降,相关研究文献的发表开始逐渐减少。对图书馆用户驱动研究整体发展情况可以进行如下解读:一是就图书馆管理而言,用户驱动不仅仅是一种理念或口号,而是需要在图书馆业务各个环节中体现,特别是随着图书馆工作数字化与网络化程度的加深,利用技术手段体现决策的用户导向具有更高的现实性,在国外相关实践经验的推动下,国内图书馆用户驱动研究迅速发展;二是用户驱动研究是一个实践性课题,对于国内图书馆而言,除读者决策采购体现出用户驱动的特点之外,该理论对图书馆其他工作环节的影响较小,实践创新的不足使图书馆用户驱动研究乏力,造成 2016 年之后该领域研究的降温现象。因此,图书馆用户驱动研究需要新的着力点和生长点。

3. 关键词词频分析

关键词词频统计旨在揭示图书馆用户驱动研究的主题分布,明晰研究重点。笔者对所选的 120 篇核心期刊的关键词进行统计,将出现频率大于等于 3 的关键词作为高频关键词。经过统计,在出现的 503 个关键词中共有高频关键词 22 个,具体如表 2 - 2 所示。

表 2 - 2　图书馆用户驱动研究高频关键词词频分布

序号	关键词	词频	序号	关键词	词频
1	读者决策采购	71	7	用户驱动	12
2	高校图书馆	24	8	美国	9
3	PDA	24	9	大学图书馆	7
4	模式	20	10	读者荐购	7
5	馆藏建设	16	11	电子书	4
6	文献资源建设	16	12	馆藏发展	4

续表

序号	关键词	词频	序号	关键词	词频
13	图书采购	4	18	文献采访	3
14	大数据	4	19	读者需求	3
15	读者服务	3	20	信息资源建设	3
16	科技信息服务	3	21	馆际互借	3
17	数字图书馆	3	22	需求驱动采购	3

高频关键词统计反映出以下特点:①从研究范围来看,图书馆用户驱动研究主要集中在高校图书馆领域(高校图书馆出现24次,大学图书馆出现7次),其他类型图书馆相关探讨较少;②从具体涉及内容来看,图书馆领域的用户驱动主要是指读者对图书馆资源建设方式创新的影响,特别是指对图书采购的影响,如出现“读者决策采购”(71次)“馆藏建设”(16次)“文献资源建设”(16次)和“用户驱动”(12次)等高频词;③除图书采购之外,用户驱动理念对图书馆其他传统服务的影响也有涉及,相关领域主要包括大数据(4次)、数字图书馆(3次)、读者服务(3次)以及科技信息服务(3次)等。此外,高频关键词显示,国内图书馆用户驱动研究主要受美国相关研究的影响,当前主要倾向于一种馆藏资源建设模式研究。

在文献年度分布与关键词词频统计分析的基础上,本文对当前国内图书馆用户研究的主要内容特征进行分析,并对今后该领域研究提出建议。

二、国内图书馆用户驱动研究主要内容

当前图书馆用户驱动研究主要集中在图书采购、读者服务以及数字图书馆建设等几个方面,其中,用户决策采购所占比重最大。就实践层面而言,用户决策采购是用户驱动理论在图书馆领域的集中体现。

1. 用户决策采购

用户决策采购(Patron Driven Acquisitions,PDA)又称需求驱动采购(Demand Driven Acquisitions,DDA),是兴起于美国高校图书馆领域的一种图书采购方式。其基本内容是利用互联网平台将图书馆用户的阅读需求(具体化为各种网络行为指标)进行量化,作为图书馆文献采购的决策依据。具体操作过程包括:①根据馆藏政策和购书政策制定预选目录;②选择合适书商并提供购书范围内入选图书的预设文档(Profile),将书商目录导入专门选购平台或具备相应功能的馆藏检索系统(OPAC);③读者(全体或代表)按照事先设定的程序要求在规定的时间范围内登录平台进行书目浏览和试读;④当读者浏览行为达到图书馆预设的次数、时间、人数等指标门槛以后,将触发图书馆对相应图书的租用或购买指令,图书馆根据事先与书商达成的协议交付相应费用[94]。用户决策采购体现出用户驱动的基本理念,即以读者需求为核心对图书采购流程进行重新设计,体现读者需求的各种行为指标成为图书馆采购行为的直接标准。与传统图书馆采购方式相比,在图书采购参与主体广泛性、读者需求体现直接性以及读者需求满足的层次性和量化等方面体现出优势[95],这也是该模式受到关注和推广的主要原因。同时,国内研究者也从书商能力、预设文档科学性、采购行为触发标准等方面对该模式在国内实施的细节方面进行了探讨。

从国内关于 PDA 研究整体进程来看,自 2011 年该概念被引入国内以来,研究者首先基于美国实践经验对 PDA 的概念理解和实施案例进行了分析。由于美国开展 PDA 主要集中在高校图书馆的电子书采购,国内相关探讨也主要集中在这些方面。从 2012 年开始,在继续介绍美国经验的同时,一些研究开始结合我国实际情况对 PDA 模式的优劣性进行分析,既包括该模式的先进性,也包括在实施过程中可能出现的问题,如国内电子书提供商的成熟度、高校图书馆财务制度、读者参与权限以及 PDA 实施效果评估等方面。同时,国内研究者也对 PDA 模式的适用范围进行了拓展,如在内容上开始关注 PDA 适用于纸质书采购的可行性[96],在图书馆类型上开始探讨 PDA 在公共图书馆图书采购中的应用性[97]。

2. 图书馆服务创新

服务创新是图书馆持续发展的动力,是图书馆面对环境变化保持自身价值的要求。相关研究者从用户驱动的角度对图书馆服务创新进行了探讨。

郑敏结合中美高校图书馆服务创新案例,分析了用户驱动图书馆进行学科服务创新的现状与过程,以及学科服务催生新的图书馆管理体制的原因,在此基础上,提出了图书馆学科服务创新的整体框架[98]。杨武健探讨了基于用户驱动的创业型大学图书馆服务模式,分析了用户驱动对于学生创业教育的意义与路径[99]。李钢认为,在当前网络环境下,图书馆管理模式和服务方式必须以用户为中心,依托网络平台实行个性化服务,包括服务推送、个性化定制服务以及个性化互动服务,而这些服务创新正是基于用户驱动[100]。王丽萍对图书馆创新内涵进行了分析,提出图书馆创新动力模型,认为图书馆创新是一种开放式创新,需要用户、供应商以及竞争对手之间的相互合作,内容的动力因素是图书馆创新可持续发展的决定性因素。用户是图书馆创新动力构成的重要组成部分,图书馆需要正确理解和看待用户对于图书馆发展的重要意义,发挥其对图书馆创新的促进作用[101]。

相关研究者认为,用户价值的充分认知有利于图书馆明确服务内容与发展方向,并对新环境下图书馆服务创新更为明晰。以用户需求作为图书馆系统的核心,发挥用户对于图书馆发展的动力作用是对图书馆传统读者理论的进一步深化,要求图书馆管理体制和运行机制做出相应改变。当前,用户驱动在图书馆工作中的体现主要集中在读者决策采购领域,在实施领域和方式等方面还需要进一步探索。

三、国内图书馆用户驱动研究分析

1. 深化用户概念的理解与挖掘

市场竞争的加剧、公共服务意识的增强和创新型社会的构建、研究者对用户重视程度不断增加推动了用户驱动研究的发展。就目前研究情况而言,用户驱动研究整体呈现出涉及领域广、研究热点分散和核心研究者不明确等特点,这与"用户"一词的多重指向性有关。"用户"本义指某些设备、商品、服务的使用者或消费者,特别是指长期或定期使用某种技术、产品或服务的人[1]。随着用户概念的泛化,其使用领域和所指内容不断丰富。在商业领域,用户与顾客、消费者或买方的意思相近;而在工业设计、计算机以及其他一些科技领域语境下,用户则代指人员、账户、进程等内容。在不同领域的研究文献中,用户驱动代表不同含义,比较有代表性的有企业发展战略[2]、生产方式[3]、创新方法[4]、产品开发模式[5]、软件实施方法[6]、馆藏建设方法[7]和控制系统模型[8]等。就目前图书馆学研究领域来看,用户一词的含义实际上与读者相同,研究者在相关表述时尽管采用用户这一概念,但并没有就用户与读者的区别进行区分。对于读者是不是等同于用户,二者所表达出来的理念是否相同的问题,当前国内研究并没有系统区分。

2. 扩大研究视野与研究领域

基于当前研究在读者与用户概念上的模糊性,从已有文献来看,国内图书馆用户驱动采购主要是指读者决策采购(PDA)研究,在研究范围上集中于图书馆馆藏(特别是电子书采购)方面。这种对用户驱动研究的理解以及研究内容上的集中体现出当前国内图书馆用户驱动研究的局限性,需要研究者进一步拓宽研究视野与研究领域。

随着市场经济的发展和企业管理理念的提升,企业对用户(客户)重视程度越来越高并推动用户研究的深入和发展。从 20 世纪 90 年代末开始,“用户(客户)驱动”逐渐成为企业界关注的话题。对于用户驱动的内涵,企业从业者和相关领域的研究者在一些文献中进行了描述。如张建军从产品生产的角度出发,认为客户驱动的实质就是以客户对产品的个性化需求为参数驱动源,以模块化设计为基础,通过从客户需求视图到产品功能视图和特性视图的影射,自动完成产品的设计或部分变形设计[11]。张晓峰在客户知识管理系统(CKMS)研究中指出客户驱动要求企业按照用户的喜好提供用户认为有价值的服务,而不是以企业价值认知为标准,并将用户驱动企业与用户的关系表述为互动、共生、共享、敏捷、互利和合作[12]。洪仕斌在分析我国家电行业下行压力时,指出家电行业需要从以前信奉的“营销驱动”“政策驱动”经营模式转变为“产品驱动”“品牌驱动”“客户驱动”经营模式,指通过系统规划的品牌、产品、客户导入,驱动各价值链来分享企业的商业目标,帮助企业的每一个价值链环节,把对品牌、产品、客户的理解转变为行动,进而养成主动性,为客户提供差异化的品牌、产品和服务体验,提高客户忠诚度,实现企业持续的利润和价值增长[13]。SAP 中国研究院把用户驱动视为企业内部创新五大创意来源之一,产品开发到了一定的阶段,就让客户共同参与,提出建议来修正,再继续推进,增强协同力量[14]。叶国晖在分析数据对企业销售的作用时指出,客户驱动实际上是对客户洞察的驱动,是基于数据分析的结果[15]。除此之外,研究者还从企业生产(如产品的设计、生产和质量管理等)、企业管理和市场营销等方面对企业用户驱动进行了分析,相关研究为图书馆用户驱动研究提供借鉴。

3. 探索成熟的落地模式

读者决策采购之外,国内图书馆用户驱动研究需要探索其他成熟的实施模式,特别是在图书馆用户服务领域。一方面,图书馆研究需要通过更多领域的探索来加深对用户驱动的理解,建立更为完整和系统的理论体系,如构建涵盖用户需求分析、用户行为特征分析、用户参与方式分析、用户评价方式分析等内容的用户驱动体系。另一方面，图书馆用户驱动实践的开展可以检验用户驱动在图书馆领域的适用性与可行性。从当前研究情况来看，一些研究者已经开始了该方面的探讨。如基于用户行为分析对信息检索系统的改进[102]、数字图书馆用户体验研究[103]、用户体验与用户忠诚关系的研究[104]以及网络社区用户参与行为研究[105]等。但就当前研究情况来看，理论探讨较多而成熟的模式较少，相关模式研究还需要进一步开展。

总体而言，当前我国图书馆用户驱动研究主要集中在读者决策采购方面，以国外实施情况探讨、国内实施条件分析以及对该模式的评价为主。对于用户驱动对图书馆理论研究的影响以及在图书馆工作其他环节的实施探讨较少。今后图书馆用户驱动研究可以加强理论研究与实施模式多样化方面的探讨，包括理清用户与读者的关系以明确用户驱动与读者中心论的联系和区别，借鉴企业管理等领域的研究成果扩大图书馆用户驱动研究的视野与领域，以及探索更为多样化的落地模式。

参考文献：

[1] 中国社会科学院语言研究所词典编辑室. 现代汉语词典[M]. 5 版北京：商务印书馆，2005：1643.

[2] 麦尚文，张宁. “用户战略”视域下的报业转型路径——基于浙报集团创新实践的梳理与思考[J]. 新闻与写作，2014(3)：38－40.

[3] 林江，楼建勇. 特种制造业准时制用户驱动生产系统研究[J]. 制造业自动化，2002(3)：16－18，49.

[4] 迪莉娅. 用户驱动型创新的方法和价值研究[J]. 技术与创新管理，2009(4)：431－434.

[5] 蒋雯，郑时雄. 基于 Agent 理论的工业设计系统研究[J]. 现代工程制造，2003(3)：12－14.

[6] 蒋方玲. 用户驱动的软件实施方法研究[J]. 软件，2015(5)：89－92.

[7] 黄显堂. PDA 在图书馆中的应用浅析[J]. 国家图书馆学刊,2014(1):38 - 42.

[8] 李苑青,张安,沈国栋. 基于用户驱动的网络中心战指挥控制系统研究[J]. 电光与控制,2014(8):37 - 41.

[9] 孟银涛,钟永恒. 国外图书馆用户驱动的获取与服务现状研究[J]. 情报科学,2012(8):1204 - 1208.

[10] 陈志祥,黄朝意,李孟清,等. 面向 NGMS 的客户驱动网络化质量管理模型[J]. 华中理工大学学报,1998(7):19 - 21.

[11] 张建军,刘光复,张利. 客户驱动的大批量定制模型研究[J]. 计算机辅助设计与图形学学报,2004(12):1691 - 1695.

[12] 张晓峰. 智力资本导向的客户知识管理系统(CKMS)研究[J]. CAD/CAM 与制造业信息化,2005(1):31 - 33.

[13] 洪仕斌. 2011:中国家电行业“经营模式”的分水岭[J]. 家用电器,2012(1):32.

[14] 石丹. 培养持续创新的习惯[J]. 商学院,2012(4):21 - 22.

[15] 石丹. 叶国晖:用数据帮助听见炮火的人去决策[J]. 商学院,2015(8):70.

[16] 杨慧. 以客户导向为驱动力的时尚产品开发模式探析[J]. 纺织导报,2015(5):86 - 88.

[17] 朱芸,陈心昭,张利,等. 客户驱动的广义产品配置模型研究[J]. 中国机械工程,2005(13):1175 - 1180.

[18] 李宇雨,但斌,黄波. 考虑客户驱动需求替代的产品生产组合及零部件补货策略[J]. 系统工程理论与实践,2011(3):471 - 479.

[19] 李臣星. 客户驱动的硫化车间非合作博弈生产调度研究[J]. 科技信息,2013(13):452,471.

[20] 周新军. 客户驱动下的价值链演变[J]. 兰州交通大学学报,2008(2):6 - 11.

[21] 周馥隆. 后市场,以用户价值为核心驱动[J]. 工程机械与维修,2013(10):4.

[22] 章志刚. 六西格玛在生产制造与非生产制造流程中的运用[J]. 统计与决策,2005(7):134 - 135.

[23] 邹斌. 追求卓越经营的六西格玛管理法[J]. 现代企业,2005(9):4 - 5.

[24] 车建国,何桢.六西格玛管理在企业中的应用[J].工程机械,2006(11):74-75.
[25] 邹先军,李燕,于存峰,等.六西格玛实施的常见形态与对策[J].上海质量,2011(5):72-74.
[26] 郝丽娟,马奇,韩微文,等.NPS:客户驱动企业未来(上)[J].认证技术,2013(8):66-68.
[27] 李志.客户驱动型营销理念在烟草行业的运用[J].决策与信息,2010(2):99-100.
[28] 曹慧.客户驱动与服务驱动相结合的软件营销模式探讨[J].企业技术开发,2010(9):19-20.
[29] 金萍,陈东.客户保留驱动因素分析[J].山西财经大学学报,2004(6):72-76.
[30] 王诚,刘胜,黄巧莉,等.客户驱动的网络化售后服务系统研究[J].工业工程,2006(2):67-71.
[31] 郭伟刚,包凡彪.客户忠诚理论的价值分析和驱动模式研究[J].商业研究,2007(3):181-185.
[32] 但斌,郭礼飞,经有国,等.客户需求驱动的大型复杂产品维护服务方法[J].计算机集成制造系统,2012(4):888-895.
[33] 郭春明,韩之俊,李洪涛.基于QFD的软件需求分析[J].上海质量,2005(9):55-58.
[34] 曾诚,何克清,李兵.一种用户需求驱动的服务资源建模方法[J].计算机应用与软件,2012(8):21-24.
[35] 柳雪涛,黄志球,左银龙,等.数据仓库系统中用户驱动报表工具的设计与实现[J].小型微型计算机系统,2002(2):185-188.
[36] 张立臣,毛庆,冯德民,等.一种用户目标驱动的交互设计方法[J].计算机技术与发展,2006(1):193-195.
[37] 宿彦,薛惠锋,孙景乐,等.用户驱动的研讨信息可视化平台的设计与实现[J].计算机工程与应用,2007(23):106-109.
[38] 蒋方玲.用户驱动的软件实施方法研究[J].软件,2015(5):89-92.
[39] 汪立耕.客户需求驱动的新产品定义方法[J].销售与管理,2005(6):88-90.

[40] 王宏飞. 用户驱动力与产品创新设计研究[J]. 机电产品开发与创新,2011(1):210－212.

[41] 彭军强,史明华,于鸿彬. 客户需求驱动的机械产品个性化定制系统研究[J]. 制造业自动化,2011(3):67－70.

[42] 蒋维,魏坤,王成恩,等. 基于 Pro/E 的客户需求驱动锻压机床产品设计系统研究[J]. 制造技术与机床,2009(3):18－23.

[43] 王枫红,陈炽刊,王永根. 以客户需求为驱动的婴儿推车快速设计平台的开发与实现[J]. 机床与液压,2012(15):79－83.

[44] 罗仕鉴,朱上上. 用户和设计师的产品造型感知意象[J]. 机械工程学报,2005(10):28－34.

[45] 陈登凯,吉青利,李簪. 用户期望意象驱动的产品造型融合创新设计[J]. 现代制造工程,2015(10):142－147.

[46] 胡伟峰,赵江洪. 用户期望意象驱动的汽车造型基因进化[J]. 机械工程学报,2011(16):176－181.

[47] 欧阳波,贺赟. 技术、艺术和用户驱动下的新能源汽车造型设计[J]. 包装工程,2014(4):44－47,52.

[48] 凌东胜. 竞争、服务、效益孕育“用户驱动型”城域网[J]. 世界宽带网络,2002(4):24－26.

[49] 飞飞,乔楠. 宽带城域网建设渐趋理性　“用户驱动型”模式浮出水面[J]. 通信世界,2011(33):26－35.

[50] 刘自强,任晨珊,田辉. 用户行为驱动的自组织网络资源配置研究[J]. 中兴通讯技术,2015(1):4－12,28.

[51] 李闽一. 运营商:从技术驱动走向客户驱动[J]. 中国电信业,2005(8):31－33.

[52] 陈文沛. 客户忠诚驱动因素探析—基于通信行业[J]. 商场现代化,2006(35):54－56.

[53] 汪辉. 以互联网思维实现宽带运维向宽带运营转型[J]. 通信企业管理,2014(10):56－57.

[54] 伊佳. 客户驱动——访 263 数据港总裁张大庆[J]. 电子商务世界,2001(9):

71 -72.

[55] 张志华,何阳.“互联网 + 电信”驱动运营商的用户策略变革[J].世界电信,2015(10):74 -77.

[56] 彭忠富.用户就是驱动力——《绝不雷同:小米雷军和他的移动互联时代》[J].产权导刊,2015(10):80.

[57] 牛永洁,张成.用户行为驱动的网页布局自动调整的研究[J].计算技术与自动化,2011(1):110 -113.

[58] 李倩倩,顾基发.用户行为驱动的在线社交网络建模[J].系统工程学报,2015(1):9 -15.

[59] 高海浩.用户驱动与传媒变革[J].新闻战线,2014(1):4 -8.

[60] 林晖.从“新闻人”到“产品经理”,从“受众中心”到“用户驱动”:网络时代的媒体转型与“大众新闻”危机——兼谈财经新闻教育改革[J].新闻大学,2015(2):1 -6.

[61] 段振波.档案用户需求驱动的档案收集模式探讨[J].信息管理,2008(2):32 -35.

[62] 冯钊.用户需求驱动的档案馆馆藏建设研究[J].现代国企研究,2015(8):170.

[63] 张卫东,王萍.档案用户需求驱动的个性化服务模式研究[J].档案学通讯,2007(2):82 -86.

[64] 宋春玲.用户需求驱动的档案个性化服务浅析[J].黑龙江档案,2011(2):14.

[65] 程娟.客户需求战略驱动下的档案知识资源开发与思考[J].航空档案,2010(8):24 -28.

[66] 毕建新,郑建明.用户目标驱动的档案知识服务模型研究[J].浙江档案,2014(8):16 -19.

[67] TRUESWELL R L. Some Behavioral Patterns of Library Users: The 80/20 Rule.[J]. Wilson Library Bulletin,1969,43(5):485 -461.

[68] 谢莉.美国大学图书馆实施 PDA 过程中面临的问题及解决办法[J].图书情报工作,2013(9):65 -69.

[69] PERDUE J,VAN FLEET J A. Borrow or Buy? Cost-Effective Delivery of Monographs[J]. Journal of Interlibrary Loan Document Delivery & Electronic Reserve,1999,9(4):19 – 28.

[70] SILVA E S,WEIBLE C L. Own not Loan: Different Request Sources for Purchase Lists[J]. Collection Management,2010(3/4):180 – 184.

[71] ANDERSON K J, FREEMAN R S, HÉRUBEL J P V M, et al. Liberal Arts Books on Demand:A Decade of Patron-Driven Collection Development[J]. Collection Management,2010(314):125 – 127.

[72] ANDERSON K J, FREEMAN R S, HÉRUBEL J P V M, et al. Buy, Don't Borrow: Bibliographers' Analysis of Academic Library Collection Development through Interlibrary Loan Requests[J/OL]. [2017 – 10 – 21]. https://docs. lib. purdue. edu/cgi/viewcontent. cgi? referer = http://xueshu. baidu. com/s? wd = paperuri:(29a0d413f2b9f8251dff4545f0f593a1)&filter = sc_long_sign&sc_ks_para = q%3DBuy%2C + Don%27t + Borrow%3A + Bibliographers%27 + Analysis + of + Academic + Library + Collection + Development + through + Interlibrary + Loan + Requests&tn = SE_baiduxueshu_c1gjeupa&ie = utf – 8&sc_us = 15724771253267546891&httpsredir = 1&article = 1109&context = lib_research.

[73] ANDERSON K J, FREEMAN R S, HÉRUBEL J P V M, et al. Liberal Arts Books on Demand: A Decade of Patron-Driven Collection Development, Part 1 [J]. Collection Management,2010,35(3 – 4):125 – 141.

[74] 耿金玉. 我国高校图书馆读者决策采购模式初探[J]. 河南图书馆学刊,2016(7):37 – 39.

[75] HULSEY R. Purchase on Demand[J]. Library Journal,2003,128(10):77.

[76] LEVINE-CLARK M. Developing a Multiformat Demand-Driven Acquisition Model. [J]. Collection Management, 2010, 35(3/4):201 – 207.

[77] FOSS M. Books-on-Demand Pilot Program: AnInnovative "Patron-centric" Approach to Enhance the LibraryColleetion[J]. Journal of Access Services,2008,5(1/2):305 – 315.

[78] WARD S M. Books On demand:Just-in-time Acquisitions[J]. Acquisitions Librarian. 2002,14(27):95-107.

[79] 黄志景.3G时代图书馆服务模式创新的新契机——手机图书馆的发展及其功能的进化[J].图书馆工作与研究,2010 (3):38-41.

[80] REYNOLDS L J, PICKETT C, DUINKERKEN W,et al. User-Driven Acquisitions:Allowing Patron Requests to Drive Collection Development in An Academic Library[J]. Collection Management,2010,35(3/4):244-254.

[81] FISCHER K,DIAZ C. Four Years of Unmediated Demand-Driven Acquisition and 5,000 E-Books Later:We gave' em what they wanted[EB/OL].[2012-10-21]. http://clx. doiorg/10. 5703/1288284315296.

[82] 刘华.以读者为主导的文献资源建设——美国学术图书馆读者决策采购(PDA)研究[J].图书情报工作,2012(5):89-93,127.

[83] URBANO C,ZHANG Y. Patron-Driven Acquisitions (PDA) of e-books : New life for the library[J]. Bobcatsss Barcelona, 2014(1):1-8.

[84] ZHANG Y,DOWNEY K. Ebook ROI: A Longitudinal Study of Patron-Driven Acquisition Models[J]. Computers in Libraries,2017,37(5):4-8.

[85] 吴锦荣.中美图书馆用户驱动采购模式比较研究[J].图书馆研究与工作,2016(1):25-31.

[86] GILBERTSON M,MCKEE E C. Salisbury L. Just in Case or Just in Time? Outcomes of a 15-Month Patron-Driven Acquisitionof E-Books at the University of Arkansas Libraries[J]. Library Collections,Acquisitions & Technical Services,2014,38(1/2):10-20.

[87] 胡银霞.基于PDA的电子书采选策略[J].图书情报工作,2012(9):70-74.

[88] HU R,MEIER A. Mobile Strategy Report:Mobil Device User Research [EB/OL].[2011-09-06]. https://www. doc88. com/p-955210168603. html.

[89] 李显志.国内读者决策采购(PDA)研究主题分析[J].高校图书馆工作,2016(1):37-41.

[90] 胡钦文,陈韵如.国内读者决策采购实践研究述评[J].图书情报工作,2016(16):137-144,14.

[91] 唐吉深. 我国读者决策采购(PDA)研究述评[J]. 图书馆学研究,2015(2):22-28.
[92] 谷秀洁. 2010 年学术图书馆十大趋势[J]. 图书与情报,2010(4):66-68.
[93] 张甲,胡小菁. 读者决策的图书馆藏书采购——藏书建设 2.0 版[J]. 中国图书馆学报,2011(2):36-39.
[94] 刘华. "读者决策采购"在美国大学图书馆的实践及其对我国的启示[J]. 大学图书馆学报,2012(1):45-50.
[95] 刘亚,蹇瑞卿. 读者决策采购的分析和启示[J]. 图书馆杂志,2013(4):49-52,99.
[96] 李威宁. 对纸质图书实施读者决策采购(PDA)的实践与探索[J]. 图书馆工作与研究,2013(5):71-74.
[97] 张媛. 我国公共图书馆 PDA 项目实践创新与发展趋势[J]. 数字图书馆论坛,2017(3):68-72.
[98] 郑敏. 用户驱动的图书馆学科服务创新框架研究[J]. 图书馆学研究,2012(16):59-63.
[99] 杨武健. 用户驱动的创业型大学图书馆服务模式研究[J]. 现代情报,2013(8):40-42.
[100] 李钢. "用户驱动"管理模式和个性化服务[J]. 兰台世界,2011(12):28-29.
[101] 王丽萍. 新环境下图书馆创新驱动力探究[J]. 图书情报工作,2014(19):39-44,73.
[102] 何胜,冯新翎,武群辉,等. 基于用户行为建模和大数据挖掘的图书馆个性化服务研究[J]. 图书情报工作,2017(1):40-46.
[103] 张宁,李雪. 用户体验服务模式在图书馆中的应用实践——以国家图书馆数字图书馆体验区为例[J]. 图书情报知识,2017(2):33-41.
[104] 裴一蕾,薛万欣,李丹丹. 基于 TAM 的搜索引擎用户体验与用户忠诚关系的实证研究[J]. 情报科学,2017(1):84-87,114.
[105] 翟羽佳,张鑫,王芳. 在线健康社区中的用户参与行为——以"百度戒烟吧"为例[J]. 图书情报工作,2017(7):75-82.

第三章　从馆员决策到用户驱动决策

第一节　馆藏文献建设

一、馆藏文献建设的概念

1. 馆藏文献

馆藏文献是图书馆选审采收、有序加工、组织存储的各种文献，目的是为读者提供使用。馆藏文献是图书馆的物质基础，也是图书馆赖以存在的根本。图书馆以收藏丰富、组织有序、检索查全率高、获取便捷的馆藏文献体系为依托，利用馆藏文献开展服务活动、完成服务任务。馆藏文献的价值首先表现在文献的传播使用上，其次是保存保障价值。

馆藏文献有以下几种分类：

(1)按学科分

馆藏文献按其内容可以划分到某一学科类别。类别划分有不同层次。第一层次为大学科，如可分为社会科学、自然科学、技术科学、哲学、数学、思维科学、综合边缘科学等。第二层次为二级学科，包含几十个学科。第三层次再将学科往下细分，可分为几百个到二千多个小的分支学科。图书馆主要采用第二层次的学科分类划分藏书的学科结构。

(2)按出版形式分

馆藏文献按出版形式可分为：图书、连续出版物、特种文献。连续出版物中最有代表性的是期刊、报纸和年鉴。特种文献主要有科技报告、政府出版物、会议资料、学位论文、专利文献、技术标准、产品资料。

(3)按文献载体分

馆藏文献按承载知识的载体可划分为：印刷文献、缩微文献、视听文献、电子文献、网络文献。适当分配各载体类型的文献在馆藏结构中的比例，可以更好地满足广大读者对多种类、多层次文献的需求。

(4)按语种分

馆藏文献按其使用的语种可分为中文、西文、少数民族语言文字等。我国的大中型公共图书馆、高校图书馆和科研图书馆的馆藏文献都是多语种结构，中文占比最高，西文文献中英文占比最高，俄文、日文、德文、法文等也都有一定比例，少数民族语言类文献多储存在民族大学类高校图书馆、少数民族聚居地的图书馆系统及主要从事少数民族研究的科研类图书馆。

(5)按等级(水平、程度)分

馆藏文献按其内容的学识水准可分为学龄前读物、小学教育读物、中学教育读物、大学教育参考书、学术研究参考书，也可粗分为初等水平、中等水平、高等水平三大类。我国图书馆界借鉴美国图书馆界的五等级划分法，按不同的搜求深度将馆藏文献分为五个等级：甲(完整级)、乙(研究级)、丙(大学级)、丁(基础级)、戊(最低级)。

(6)按时间分

图书馆收藏的文献，是在不同的时间段出版的，不仅有几年前、十几年前出版的，也有古代出版的文献。这些不同年代形成的文献，不仅能满足读者获取最新信息的现实需求，也能满足读者对不同时期文献进行探索发现的深层研究需求。馆藏文献的时间划分反映出图书馆文献收藏的系统性和保存性。

2. 馆藏文献建设

馆藏文献建设是指对馆藏文献体系进行构建、规范、评价、优化的实践以及在实践基础上形成的理论、知识。从实践层面看，馆藏文献建设是对图书馆实体文献和数字文献的圈选、采集、验收、登录、组织、保护、分藏、馆际协调等系统性操作。这些具体业务主要涉及图书馆的采访、典藏、流通和系统技术部门,部分宏观性的指导工作需要由图书馆领导承担。从理论研究层面看,馆藏文献建设指馆藏体系的构建、评价、规划、分布、组织、管理、优化的原理和方法。

馆藏文献建设是图书馆业务的重要组成,也是图书馆学的分支学科。图书馆业务可大致划分为馆藏文献建设和读者服务两个部分。馆藏文献建设是读者服务的基础和前提,读者服务是馆藏文献建设的工作依据。因为馆藏文献建设在图书馆业务中占据着举足轻重的地位,对馆藏文献建设的研究自然发展为图书馆学的一门分支学科。

作为一门分支学科,馆藏文献建设在20世纪50年代初主要研究的是藏书的采访,即文献的选择和获取(book selection and acquisition)。20世纪70年代,一些发达国家开始采用“藏书发展”和“藏书建设”的概念,内容包括藏书的采购和搜集、藏书的选审和剔除、藏书的发展和调整、藏书的组织和规范等。20世纪80年代由于信息、通讯、网络技术高速发展,馆藏文献建设的研究视野进一步拓宽,从一馆或多馆藏书的建设上升到整个国家或地区的文献资源建设,研究内容包括文献资源调查和评估、文献资源布局和保障、文献资源的开发和利用等。

二、馆藏文献建设的原则

馆藏文献建设作为一种系统性操作,具体实施过程需遵循一定原则,以达到构建优良的馆藏文献体系为建设目标。于鸣镝[1]在《图书馆管理学纲要》一书中提到,最佳馆藏体系的标志是:①特点鲜明。任何图书馆的藏书都应该有自己的特点,如果一个图书馆的藏书没有自己的特点,它就没有形成自己的馆藏体系。藏书特点是最佳馆藏体系的重要标志。②重点突出。任何一个图书馆的藏书都是一个文献集合体,是各学科、各文种、各类型出版物的总和。但是,它们之间并不是处于同等地位的。相反,图书馆必须根据自己的读者对象和任务,把各种不同学科、不同水平、不同文种、不同形式的知识情报载体,按照一定的原则和方法,组成一个有主有从、有专有博、重点突出、相互配合的有机整体。③质量高精。通过精选,入藏那些本馆需要的书刊,要保证符合读者需要的高精度。④数量适度。没有数量就没有质量,没有做到数量充足、品种齐全、复本适度的馆藏体系就是不健全的馆藏体系。

目前学界认为的馆藏文献建设原则,归纳起来有以下几点:

(1)实用性原则

要求收藏的文献符合本馆的方针、任务的需要,符合本地区本单位文化建设和发展的需要,符合本馆专家读者和一般读者的需要。传播使用和保存保障,是现代图书馆馆藏文献体系的两个基本价值取向。一般而言,大型图书馆的常用性文献比例低,保障性文献比例高。小型图书馆的常用性文献比例高,保障性文献比例低。

(2)系统性原则

要求收藏的文献,能反映出版物自身的连续性,反映所含知识的系统性,反映学科发展的完整性。具体要求各类文献的取舍和采集比例,要按批准的采购标准或藏书结构规划执行;重点和特色藏书要在内容上、数量上、品种上保持一定的系统完整性;报刊与其他连续出版物,如丛书、多卷书、工具书等要完整配套,不应随意中断收藏;采访要有计划,包括长远发展计划与中短期采访计划。

《普通高等学校图书馆规程(教高〔2015〕14号)》[2]规定:"图书馆在文献信息资源建设中应统筹纸质资源、数字资源和其他载体资源;保持重要文献、特色资源的完整性与连续性;注重收藏本校以及与本校有关的各类型载体的教学、科研资料与成果;寻访和接受社会捐赠;形成具有本校特色的文献信息资源体系。"明确提出图书馆要建设具有本校特色的文献信息资源体系，且强调了特色资源建设的完整性和连续性。

（3）经济性原则

要求以较少的经费获取较好的文献利用效益，在使用频率较高与保障价值较高的文献之间，做出合乎时宜的抉择。

（4）互补性原则

要求掌握同种文献的不同载体版本的出版情况，注意减少本馆文献的隐性重复现象，形成合理的文献搭配关系。要求各馆之间的馆藏文献构成合理的互补关系。

这些馆藏文献建设原则，通过一系列对采访工作的定性要求，有助于解决馆藏文献结构的合理规划问题。

三、馆藏文献建设的要点

袁培国[3]在《论馆藏建设中的几个关系》一文中，提到当前的馆藏建设应处理好几个关系：

一是馆藏价值和用户需要的关系。今后绝大多数图书馆的采购将是根据需要来进行的。从保证急需中追求高质量馆藏为基本准则，寻求长远保存价值的馆藏必须以此为前提，量力而行。

二是图书馆的收藏职能和服务职能的关系。收藏是服务的基础，本馆收藏的资料是读者首选目标。收藏必须紧密地围绕为满足本馆读者主要需求服务的宗旨来进行。

三是本馆采购和合作采购的关系。拒借率居高不下与馆藏利用率较低的矛盾是普遍现象。主要采购本馆读者利用率高和本单位重点需求的核心馆藏，并通过合作采购、分工进行特藏采购，尽可能减少低效益书刊重复采购，是图书馆采购工作的基本策略。

四是购进文献和购买服务的关系。即使购买服务方便可行，图书馆综合考虑各方面的因素，下列四类文献还是要采购的：大量使用且必须随时备于手边的;使用量虽不大,但需要时无法买到或借到的,或随时可取得但费用高得接近购进收藏的;作为特藏收藏的材料;合作采购中本馆分工承担收藏的材料。

五是印刷型文献和电子型(数字化)文献的关系。随着电子出版业的发展,图书馆收藏电子文献的比例无疑会不断提高,但印刷型文献的总量不会减少,还会继续增加。

六是电子(数字)化的未来和当前读者的需要。信息电子化、数字化是大势所趋。图书馆既要考虑为未来电子化作准备,也要以目前读者的需要为主。

总的来说,图书馆的馆藏文献建设应围绕读者需要和保存保障这两大图书馆主要职能来进行,读者需要被放在更重要的位置。

四、馆藏文献建设的评价

馆藏文献建设的评价是馆藏文献建设工作的认识前提。人们采取种种馆藏建设的措施,目的是为了建成一个优化的馆藏文献体系。

现代文献的整体特征是:数量庞大,增长迅速;载体和文种语种多样化;内容重复交叉;载文和用频的分布既集中又分散;时效性强,新陈代谢频繁。

英国化学家布拉福德(S. C. Bradford)1948 年在《文献工作》一书中,发表了他发现的关于科技文献的载文分布既集中又分散的离散规律。一项对匹兹堡大学的希尔曼图书馆(Hillman Library)进行的为期 86 个月的流通数据研究表明,该馆馆藏的 2% 承担了 20% 的流通量,馆藏的 6% 承担了 40% 的流通量,馆藏的 21% 承担了 80 的流通量,馆藏的 50% 承担了 100% 的流通量。根据布拉福德文献载文分布定律,可以核定图书馆的馆藏规模,测定各门学科的核心期刊,指导文献购置费的使用和馆藏的组织。

1960 年美国的图书馆学家波顿(R. E. Burton)和物理学家凯普

勒(R. W. Kebler)合作,通过科技文献的引文分析,对文献的半衰期进行了深入研究。为了便于测定,波顿和凯普勒将文献半衰期理解为:某学科或者某专业现在仍被利用的所有文献中较新的一半是在多长一段时间内发表的。现代社会中,人文科学知识、基础科学知识以及应用技术发展迅速。这导致现代文献的半衰期日益缩短,内容的新陈代谢频繁。掌握文献的老化规律,对于图书馆馆藏的选择、收藏和剔除等工作,具有指导意义。

1. 馆藏文献建设可能存在的问题

由于现代文献的上述特征,在馆藏文献体系建设方面,如果优化目标不明确,或者优化目标虽比较明确,但还缺乏优化控制措施,馆藏文献建设往往会出现以下高增长、低保障等问题。近几十年来,世界各国图书馆藏量急剧增长,书库空间紧张,大批书刊无法上架,直接影响了读者对藏书的利用。我国一些大型图书馆情况基本相同。国家图书馆在新中国成立初期藏书 140 万册,现已增至 3500 万册(件)。从 20 世纪 90 年代以来,为了解决"书满为患"矛盾,全国范围新建或轮番扩建馆舍的势头,至今没有减弱。低保障包含两方面意思。一是对常用文献的需求满足水平低,二是对研究性专用文献的保障水平低。前者可以通过提高读者满足率来解决。后者需要统计出世界上该学科专业每年出版发表了哪些文献,哪些是建立某一级保障体系所必须收集的,等等。

2. 馆藏文献建设的评价标准及方法

馆藏文献建设评价,以某种社会价值取向和文化发展要求为基本依据,以图书馆的馆藏文献体系为工作对象,以确定标准、进行状态描述分析为主要进程,以指导、推动和协调整个文献资源体系发展为最终目标。

馆藏文献建设的评估方法,是一个由多种方法组成的体系。国外采用的评估方法很多,美国有 10 种:①标准与权威书目核对;②对排架目录与藏书进行清点核对;③搜集各种统计数据进行评价;④分类课程研究;⑤学科文献分析;⑥引文分析;⑦交叉研究;⑧藏书对比;

⑨利用“藏书结构图”进行评价；⑩利用自动化系统进行评价。我国图书馆馆藏体系评估工作，也借鉴了上述方法，实际工作中常用的评估方法有：①直接考察法；②用户评议法；③书目核对法；④统计分析法；⑤藏书结构分析法；⑥引文分析法。

五、馆藏文献建设的业务

1. 馆藏文献建设的业务内容

馆藏文献建设从业务内容看，可以分为采访和典藏两部分。

馆藏文献的采访业务，是指根据本馆性质任务、读者需求以及本馆在相关馆藏文献保障体系中的地位，根据经费预算和馆藏补充规划，利用手头的文献购置费，对社会上出版发行的各种文献进行跟踪式地搜寻、了解和入藏筛选，同时利用各种书源关系网，与书源关系方开展交换、征集、捐赠、调拨等联系和公关活动，并不断完成本馆所需文献的采集、收购、验收和登记入藏的整个工作过程。文献采访的常规业务工作必须连续不断、周而复始地进行，否则一个馆藏文献体系的正常补充计划就会打乱。

馆藏文献的典藏业务，一般是指根据本馆读者需求的特点和文献组织管理的要求，根据本馆馆藏文献体系的发展规划，结合目前馆舍设施的条件，拟定馆藏布局划分方案，并对新入藏的文献不断进行分藏安排，对已入藏的文献不断进行评价、调拨、复审，或提出补购要求，以便优化馆藏状态，适应借阅服务的需要。

2. 馆藏文献建设的机构设置

大中型图书馆的馆藏文献建设，由于其重要性和专业性，一般都会由一名专家级的副馆长主管。其具体机构设置，根据业务流程，一般会设置专门的采访组、编目组、调拨组、征集组。

3. 馆藏文献建设的业务制度

馆藏文献建设的业务制度，是持续贯彻某种馆藏文献建设思想的有效方法,也是顺利完成某一具体的馆藏文献资源建设目标的有效保证。馆藏文献建设的业务制度,大致有:①工作职责。②常规业务分析报告制度。③有关文献资源采购方面的业务制度。如本馆馆藏文献的收藏目标和收藏范围,关于大宗文献资源招标采购的若干规定。④文献整序。

第二节 馆员决策的馆藏文献建设

一、馆藏文献建设的专业人员

图书馆馆藏文献建设的专业人员,就具体设置而言,可以分为两部分:一是负责掌握一个图书馆馆藏文献建设的宏观业务方向的专业人员,如分管采访工作的图书馆领导;二是从事文献采访、验收、典藏等具体工作的专业人员。

馆藏文献建设的专业人员,是馆藏文献建设中最活跃的动力因素。一个图书馆的馆藏文献体系是否在不断趋向优化,它的功效目标是否明确,它的规模标准、布局划分和代谢水平是否恰当等,这些问题归根结底会通过专业人员的工作得以体现。因此,国家颁布的图书、资料专业职务条例明确规定,要由具有较高水平的馆员、副研究馆员和研究馆员担任选书工作。

馆藏文献建设的专业人员应有以下基本素质要求:

思想品德方面,认真贯彻国家的方针政策,具备比较强烈的社会责任感和公益事业意识,依法办事,遵章守纪,有良好的职业道德。热爱本职工作,忠实执行本馆确定的采选方针和收藏政策。

知识技能方面,有比较系统的图书馆学专业知识,熟悉图书馆各个工作环节,熟悉本馆的方针、任务和读者情况,掌握本馆馆藏文献资源体系的宏观特点。有比较丰富的书目文献知识,博学多闻,涉猎广泛,善于利用有关书目工具,熟悉国内外出版动态。通晓书目书源方面的知识技能。善于利用各种方式及时、高质、高效地补充合适的馆藏文献。善于捕捉和利用与馆藏文献建设有关的社会信息。掌握一两门外语和古汉语。掌握必要的计算机和网络技能,熟悉网上采购技术。有较强的社交能力和组织能力。在本职和本专业方面有较强的研究能力。善于开展文献资源利用、书源渠道、馆藏情况、布局效益等方面的调研,积极参与地区、国家和国际之间的文献保障、藏书协调、学术交流,有相应的原创性研究成果。

身体习性方面,具有健康的体魄,胜任经常出差在外、选书、搬运、倒架、调拨等工作,能吃苦耐劳,生活适应性较强。

二、馆员决策的馆藏文献建设机制

馆员决策的馆藏文献建设机制分为选审机制和信息反馈机制。选审机制主要指与文献选审决策的产生有关的工作组织、工作方式和工作制度。选审决策是馆藏文献建设的第一推动力。馆藏文献体系的优化取决于选审决策。信息反馈机制是指保证文献体系优化构建的有关信息全面、准确、及时地汇集,以供选审决策顺利进行的机理性功能。完善的信息反馈机制,应建立在文献来源、入藏能力、利用情况、潜在需求、发展规划以及所处文献资源保障环境这六方面信息全面收集、及时获取,并能做出可靠分析的基础上。

由馆员决策的馆藏文献建设机制主要是馆藏文献的选审机制,下面着重介绍:

馆藏文献的选审,也称选书,是馆藏文献建设的关键工作环节。馆藏文献的选审是一种高级的复杂的价值评判思维活动。可以说,馆藏文献体系的优劣高下,往往取决于这一工作环节。

1. 选书理论的产生和发展

随着近代图书馆事业的加快发展,选书的研究也多了起来,逐步发展出众多的选书理论。

19 世纪末,美国著名的图书馆学家杜威(Melvil Dewey)提出了文献选择的“价值论”标准,主张以文献的内容价值作为文献选择的依据。他认为,图书馆所藏的文献资源是作为“严肃的、教育的基本资源”而存在的,因此必须搜集高质量的、有价值的优秀图书,而不必考虑读者的实际需要。

与杜威观点相反,美国另一位图书馆学家克特(Pull Kert)提出了文献选择“需要论”标准,主张选择文献应以用户需求为依据,不必强求文献本身的价值。

1925 年,英国著名的图书馆学家麦高文(Lionel Roy McColvin)在《公共图书馆选书理论》一文中,进一步发展了“需要论”的观点,并吸收了“价值论”的优点,将两者相结合,提出文献的选择,既要重视文献本身的价值,又要重视社会对文献的需求,并在此基础上提出了一个纯理论的“图书选择评分法”,从文献的知识价值和社会需求两方面对文献进行综合评分,以决定文献的取舍。

英国另一位图书馆学家维拉德(James H. Wellard)在麦高文之后提出了“社会调查选择法”,主张用社会调查的方法来了解选书的社会环境和读者需求,使藏书选择能够有的放矢。维拉德开创了藏书补充调查这一重要领域。

印度著名图书馆学家阮冈纳赞(S. R. Ranganathan)曾明确提出,选择出版物要以读者使用该文献的概率大小为标准。他在《图书馆书刊选择》一书中指出,“负责图书采购的图书馆员或教师,应该注意到选购图书对于读者使用该书的概率”。

2. 选书理论的应用

常用性文献的入藏选择,应主要按克特的“需要论”,以用户的常用性需求为依据进行。具体入藏的文献品种，应与本馆常用文献品种的学科类别分布情况相适应，而每个学科类别文献的入藏复本，应视其使用频率高低而定。也不妨按阮冈纳赞所说，以读者使用该文献的概率大小为依据来定，或者采用维拉德的办法，对具体需求进行社会调查，以便获得比较明确的读者需求情况。在这里，了解读者的具体需求是关键。在采用计算机进行借阅和预约的图书馆里，常用性文献基本上可以借助该馆馆藏借阅和预约的使用频率分析来进行判断。

保障性文献的入藏选择，应该主要按杜威的“价值论”，以文献的内容价值为依据，搜集高质量的、有价值的优秀图书，而不必考虑读者近期的、现实的实际需要。具体来说，保障性文献的入藏选择，总体上应与该馆读者的保障性需求相适应，同时，也应该与该馆承担的馆际协作文献保障要求相适应。

三、馆员决策的馆藏文献采访

图书馆采访的常规业务流程，可以分为访求、验收和登记这三个工作环节。访求工作指图书馆对社会上出版发行和分散流转的各种文献进行跟踪式地采购、寻访和收藏，同时利用各种书源关系网，对书源关系方开展交换、征集、捐赠、调拨等联系和公关活动，不断完成本馆所需文献的搜集寻求工作。图书馆一般按文献期货订购各个工作环节的顺序，来设计文献采访工作的常规业务流程。这一业务流程分为书目搜集、文献圈选、文献查重、审核报订和文献验收。

书目搜集，是指图书馆在订购文献前，必须了解文献的出版发行情况。为此，需要先广泛收集各种文献的征订目录。文献圈选，是指对征订目录上的书刊品种，一条一条进行审读，并根据本馆的性质任务、读者对象、入藏能力、布局需要，以及书刊的内容质量、价格，决定选购与否，决定复本多少。文献圈选是充分发挥文献采访人员聪明才智的关键。为了使选择的书刊更合理、准确，一般都应组织集体选书，听取馆内外专家、同行多方面的意见,进行磋商和反复权衡,以决取舍。对于外文原版书刊、贵重的中文书刊等,更应多听取专家学者的意见。价值特别昂贵的,可将各方面意见汇总并归纳成若干条,提交给文献采访委员会,以陈明具体的利弊得失,最终以投票来决定取舍。文献查重,主要是比对本馆已购文献,对圈选的文献进行名称、版本等项目的查重,以免重复购买。完成文献的圈选和查重后,进入文献的审核报订阶段。这个阶段包括提交审核、平衡订数,以及进行报订的技术处理等。提交审核、平衡订数,是指根据本馆的文献购置能力的大小,以及馆藏文献发展的计划,对经过专家圈选及查重的文献品种和复本数量,进行最后的权衡斟酌和调整。这项工作应由资深采访人员,或由图书馆分管馆藏文献建设的领导负责完成。因为专家圈选文献,一般总是从专业发展的需要出发,而不可能从图书馆入藏能力的角度,或从各部分馆藏综合平衡的角度出发进行考虑,更加不可能从馆际文献资源协作协调建设的角度出发进行考虑。文献验收是对货(书货)、单(清单和发票)、卡(预订目录)三者进行核查,看看它们是否一致,并找出差错,进行纠正的过程。

四、馆员决策在特色馆藏建设中发挥的作用

特色馆藏[4]是指一个图书馆所收藏的文献资料具有自己的独特风格,它包含两个方面的含义:一是指一个图书馆中独具特色的部分馆藏;二是指一个图书馆总的馆藏体系具有与众不同的特点。

在特色馆藏的建设方面,图书馆和图书馆员发挥着绝对的引导和统筹作用。这是因为:

1. 特色馆藏的确定需要馆员决策

高校的学科特色发展是学校发展的命脉,图书馆是为学校教学科研服务的学术性机构。图书馆的特色馆藏建设只有与学校学科特别是重点学科和优势专业的发展方向一致才能显示其作用,才能适应学

校教学和科研发展的需要[5]。学校的重点学科和优势专业,需要图书馆员的前期调研和后期不断追踪总结。

2. 特色馆藏建设的连续性和完整性需要馆员决策

特色馆藏建设要在原来馆藏资源的基础上保持连续性,即原来已有的馆藏特色建设要继续发展下去,特别是连续出版物,保持其连贯性显得尤为重要。特色文献收藏范围确定后,要做到特色文献收藏力求全面系统,形成一个较为完整的文献体系和有突出特色的文献结构框架[6]。特色馆藏建设的连续性和完整性,需要几代甚至十几代馆员的持续努力才能达成。

3. 特色馆藏中各种载体文献的组配需要馆员决策

在确定了藏书的特色之后,图书馆要按最佳组配方式建构特色馆藏,即将各类涉及特色馆藏的所有信息源,包括记录有文字、声音和图像的纸张、胶片、磁带和光盘等信息载体,都收入这个特色馆藏中去,使之构成一个结构合理的馆藏体系。图书馆要在收集这些学科的纸质文献的基础上,加大其他载体文献的收藏比重,特别是网络数据库这种虚拟馆藏信息量大、体积小的载体,应该根据学校特色发展的方向有选择性地购买(或租用)[7]。这些工作都需要馆员有意识地去配合跟进。

4. 特色馆藏的经费配置需要馆员决策

经费是重点学科文献资源建设的经济基础,也是特色馆藏文献建设的基础。必须改变观念,合理分配资金,对高校学科发展特色的各类文献应投入主要的精力及经费。这也需要馆员尤其是图书馆领导的宏观把控。

5. 特色数据库的建设需要馆员决策

本校与本地特色数据库是一个图书馆的命脉,与学校学科发展特色相辅相成。特色数据库需要图书馆投入大量的馆员和时间收集、整理文献资源,将其加工成为有价值、体现学校教学科研特色的情报。

第三节 馆员决策的馆藏文献建设的 SWOT 分析

一、SWOT 分析法简介

SWOT 分析法在战略管理中有着广泛应用,20 世纪 60、70 年代,阿尔伯特·汉弗莱(Albert Humphrey)在斯坦福研究中心(Stanford Research Institute,现在是 SRI International)的一次会议中,依据世界 500 强公司的数据资料(Fortune 500),首先采用 SWOT 的方法对这些公司进行分析。之后哈佛商学院的 K. R. 安德鲁斯于 1971 年在其《公司战略概念》一书中也提出了这种方法。但 SWOT 分析法究竟由谁首创,至今仍没有清晰的定论。

SWOT 分析,就是将与研究对象密切关联的内部优势因素(Strengths)、劣势因素(Weaknesses)和外部机会因素(Opportunities)、威胁因素(Threats)通过调查分析列出来,并依照一定的次序按矩阵形式罗列起来,然后运用系统分析的研究方法将各因素相互匹配起来进行分析研究,从中得出一系列相应的结论。

二、SWOT 分析要素

SWOT 分析,主要分析研究对象的外部环境因素和内部能力因素。外部环境因素包括机会因素和威胁因素,它们是外部环境对研究对象的发展直接有影响的有利和不利因素,属于客观因素,一般归属为相对宏观的如经济的、政治的、社会的等不同范畴;内部能力因素包括优势因素和劣势因素,它们是研究对象在其发展中自身存在的积极和消极因素,属于主动因素,一般归类为相对微观的如管理的、经营的、人力资源的等不同范畴。在调查分析这些因素时,不仅要考虑历史与现状，而且更要站在未来的发展角度来衡量。

具体来说，优势因素（S）是指一个研究对象超越其竞争对手的能力，或者指研究对象所特有的能提高其竞争力的东西。例如，当两个企业处在同一市场或者它们都有能力向同一顾客群体提供产品和服务时，如果其中一个企业有更高的盈利率或盈利潜力，那么，通常认为这个企业比另外一个企业更具有竞争优势。优势因素可以是以下几个方面：①技术技能优势，包括独特的生产技术，低成本生产方法，领先的革新能力，雄厚的技术实力，完善的质量控制体系，卓越的大规模采购技能；②有形资产优势，包括先进的生产流水线，现代化车间和设备，拥有丰富的自然资源储存，吸引人的不动产地点，充足的资金，完备的资料信息；③无形资产优势，包括优秀的品牌形象，良好的商业信用，积极进取的公司文化；④人力资源优势，包括关键领域拥有专长的职员，积极上进的职员，很强的组织学习能力，丰富的经验；⑤组织体系优势，包括高质量的控制体系，完善的信息管理系统，忠诚的客户群，强大的融资能力；⑥竞争能力优势，包括产品开发周期短，强大的经销商网络，与供应商良好的伙伴关系，丰富的营销经验，上乘的客户服务，对市场环境变化的灵敏反应，市场份额的领导地位。

劣势因素（W）是指公司缺乏或不擅长的因素，或使公司处于劣势的条件。可能的劣势因素有：缺乏具有竞争力的技能技术；缺乏有竞争力的有形资产、无形资产、人力资源、组织资产；关键领域里的竞争能力正在丧失。

机会因素（O）：市场机会是影响公司战略的重大因素。公司管理者应当确认每一个机会，评价每一个机会的成长和利润前景，选取那些可与公司财务和组织资源匹配、使公司获得的竞争优势的潜力最大的最佳机会。潜在的发展机会可能是：客户群的扩大趋势或产品细分市场；技能技术向新产品新业务转移，为更大客户群服务；前向或后向整合；市场进入壁垒降低；获得购并竞争对手的能力；市场需求增长强劲,可快速扩张;出现向其他地理区域扩张、扩大市场份额的机会。

威胁因素(T):在公司的外部环境中,总是存在某些对公司的盈利能力和市场地位构成威胁的因素。公司管理者应当及时确认危及公司未来利益的威胁,做出评价并采取相应的战略行动来抵消或减轻它们所产生的影响。公司的外部威胁可能是:出现将进入市场的强大的新竞争对手;替代品抢占公司销售额;主要产品市场增长率下降;汇率和外贸政策的不利变动;人口特征,社会消费方式的不利变动;客户或供应商的谈判能力提高;市场需求减少;容易受到经济萧条和业务周期的冲击。

由于企业的整体性和竞争优势来源的广泛性,在做优劣势分析时,必须从整个价值链的每个环节上,将企业与竞争对手做详细的对比。如产品是否新颖,制造工艺是否复杂,销售渠道是否畅通,价格是否具有竞争性等。如果一个企业在某一方面或几个方面的优势正是该行业企业应具备的关键成功因素,那么,该企业的综合竞争优势也许就强一些。需要指出的是,衡量一个企业及其产品是否具有竞争优势,只能站在现有潜在用户角度上,而不是站在企业的角度上。

企业在维持竞争优势过程中,必须深刻认识自身的资源和能力,采取适当的措施。因为一个企业一旦在某一方面具有了竞争优势,势必会吸引到竞争对手的注意。一般来说,企业经过一段时期的努力,建立起某种竞争优势;然后就处于维持这种竞争优势的态势,竞争对手开始逐渐做出反应;而后,如果竞争对手直接进攻企业的优势所在,或采取其他更为有力的策略,就会使这种优势受到削弱。所以,企业应保证其资源的持久竞争优势。

企业的营运是动态的,永远处于不断的矛盾之中,企业所处的环境随时都在变化,这些变化对于一个企业来讲可能是机遇,也可能是威胁。一般来讲,一个成熟企业所面临的市场发展机会少,环境威胁较少,发展潜力小;困难企业面临较大的环境威胁,营销机会也很少;理想的企业具有较多的发展机会,环境威胁较少,然而,这样的企业在现实中是很少存在的;冒险企业的机会与挑战并存,成功与风险同在,这样的企业应在尽量抓住机会的同时,积极寻找避免威胁的对策。

三、SWOT 分析步骤

1. 调查分析环境因素

运用各种调查研究方法,分析出组织机构所处的环境因素,包括:

(1)外部环境因素,即机会因素(O)和威胁因素(T),它们是外部环境中对研究对象的发展有直接影响的有利和不利因素,一般归类为经济、政治、社会、人口、市场、竞争对手等不同范畴。

(2)内部能力因素,即优势因素(S)和劣势因素(W),它们是组织机构在其发展过程中自身存在的积极和消极因素,一般归类为管理、组织、经营、财务、销售、产品和服务、技术、人力资源等不同范畴。

在调查分析这些因素时,不仅要考虑其历史与现状,而且还要预测它的未来。

2. 构造 SWOT 矩阵

根据轻重缓急或影响程度,将上述各种因素排列于 SWOT 矩阵中。在此过程中,要把那些对研究对象的发展有直接、重要、大量、迫切、久远影响的因素优先排列出来,而把那些间接、次要、少许、不急、短暂的影响因素排在后面或省略。

3. 得出行动对策,制订行动计划

这一步骤的指导思想是:发挥优势因素,克服劣势因素;利用机会因素,化解威胁因素;立足当前,着眼未来。

在这一思想指导下,运用系统分析的综合分析方法,将矩阵中的各种因素相互匹配,加以分析,得出一系列可选对策,包括:

(1)SO 对策。着重考虑优势因素和机会因素,目的在于力求使这两者的有利影响都趋于最大,所以又叫"最大与最大对策"。

(2)ST 对策。着重考虑优势因素和威胁因素,力求使前者的有利影响趋于最大而后者的不利影响趋于最小,所以又叫"最大与最小对策"。

(3)WO对策。着重考虑劣势因素和机会因素,力求使前者的不利影响趋于最小而后者的有利影响趋于最大,所以又叫"最小与最大对策"。

(4)WT对策。着重考虑劣势因素和威胁因素,力求使两者的不利影响都趋于最小,所以又叫"最小与最小对策"。

以上几种对策不应机械地分割开来,而应综合运用,但在不同时期,可根据各种因素重要性的不同,着重应用某一种或某几种对策。

四、馆员决策的馆藏文献建设的SWOT分析

馆藏文献建设作为图书馆的两大业务之一,从馆藏布局到具体业务,目标都是为了优化馆藏文献体系,需要从战略层面来进行考量,因而馆员决策在馆藏文献建设过程中的作用也可以依照SWOT的方法来分析。

馆员决策的馆藏文献建设的SWOT分析如表3-1所示。

表3-1　馆员决策的馆藏文献建设的SWOT分析

内部能力 / 外部环境	优势因素(S)	劣势因素(W)
	1. 馆员能从全局出发,对文献进行通盘把握和布局; 2. 馆员经过图书情报学的专业培训,在馆藏文献建设工作中拥有专业素养; 3. 馆员的工作有持续性和稳定性,能确保馆藏文献建设的系统性	1. 馆员的学科素养可能不及读者深厚,在小众又艰深的专业类文献的选审上,馆员不一定能把握好; 2. 馆员的学科素养不一定能兼顾众多学科,在文献选审上可能会有失偏颇; 3. 馆员对读者需要的文献的把握不一定准确,馆藏文献利用率低

续表

机会因素(O)	SO 对策	WO 对策
1. 随着国家经济的发展,图书馆的馆藏文献建设有了更充裕的经费; 2. 人民对精神文化生活的需求,对图书馆的依赖,推动图书馆的建设和发展; 3. 出版事业的迅猛发展使得图书馆有更多文献可以选择; 4. 在图书馆的初创时期,如新馆成立,新学科资料室的成立,馆员决策在馆藏文献布局方面可以发挥很好的作用	1. 增强馆藏文献整体布局的能力,及时更新知识体系; 2. 持续参加培训和进修,优化图书情报专业的知识结构; 3. 尽量保证从事馆藏文献建设的业务人员工作的持续性和连续性; 4. 将文献采购经费的效益做到最大化	1. 充分发掘有学科背景的学科馆员的潜力和优势; 2. 加强和各学科科研工作者之间的联系,加强和读者之间的联系,让读者和研究者更多地参与到文献采选的工作中来
威胁因素(T)	ST 对策	WT 对策
1. 谷歌、百度等搜索引擎的出现,给传统图书馆的信息服务业务带来极大挑战; 2. 科学技术的进步,计算机网络技术的发展,要求馆藏文献建设也采取新的手段和技术; 3. 人民对精神文化生活的迫切要求,推动图书馆的文献建设要能更好地适应读者需求; 4. 各种新兴学科和交叉学科的出现,要求馆员不断更新知识结构,以期为科研人员提供更精准的文献服务	1. 馆员应更新知识结构,学习计算机和网络的相关技能,更好地从事业务工作; 2. 关注读者的需求,采用调研的方式征集读者需求; 3. 和各专业的读者以及科研人员保持密切联络与合作的关系,以保证馆藏文献贴合读者需求	1. 在发掘学科馆员潜力和优势的同时,也要加强学科馆员的培训和进修工作,跟上时代发展的步伐。 2. 计算机、网络技术的支持和读者的深度参与,最终酝酿出用户决策的馆藏建设模式

第四节　用户驱动馆藏建设的引入

从馆员决策的馆藏建设的SWOT分析中可以看出，馆员决策在内部能力因素存在着对专业的纵深了解把握不够的劣势，在外部环境因素面临着计算机和网络技术革新的威胁，这种内在缺陷和外部压力，共同推动着图书馆馆藏文献建设的自我技术革新，用户驱动的馆藏建设策略应运而生。

一、用户驱动采购的含义

用户驱动采购（PDA），也称“需求驱动采购”（Demand-Driven Acquisition，DDA）[8]，是根据读者的实际需求与使用情况，由图书馆以一定的标准或参数确定购入文献的资源建设新模式。

PDA参照传统的纲目购书或选审计划方式设定购书范围，即首先由图书馆与书商确定符合藏书发展政策的预设文档（profile），之后书商提供符合预设文档要求的图书MARC记录，图书馆把MARC记录导入图书馆自动化系统，读者通过OPAC查到书目记录后，或者点击链接直接阅读电子书，或者要求提供印刷本，由图书馆统一付费租用或购买。各馆同书商谈判确定的租用或购买的标准各不相同，视读者点击浏览的次数和时间决定，有的三次点击即触发购买，有的则十次，不足规定次数按浏览的时间收费，一般为书价的5%。

二、用户驱动采购引入的背景与动因

现代出版业的高速发展与图书馆采购经费、馆藏空间有限之间的矛盾，导致图书馆的图书采选只能是有选择地进行，而不可能将出版物全部采购收齐。图书馆界经过多年实践经验总结和理论研究，制定

了一系列的图书馆馆藏建设的理论、原则、方法和业务流程,随着时代的进步和发展,图书馆馆藏建设的理论、原则、方法和业务流程也一直在不断地改进和更新。

图书馆的发展理念经历了从“以藏为主”到“以用为主”的转变,而图书馆馆藏建设长期以来仍然依赖于图书馆员的决策,虽然图书馆界一直致力于解决图书馆馆藏与读者需求不一致的问题,很早就提出围绕读者需求开展藏书建设的思路,并在实践层面通过读者推荐书的渠道来施行这一理念。在几乎所有图书馆的主页上,我们都能看到“读者荐购”或类似标签,然而多年的实践证实,这种读者荐购的方式对图书馆的馆藏贡献有限,馆藏建设主要还是依赖采访馆员与学科馆员或咨询馆员。刘华指出,长期以来,学科馆员、学科专家一直是西方特别是美国图书馆界馆藏建设的主角,学科馆员依靠自身的学科背景,根据书商提供的目录,圈选、订购文献,在适当的时候,他们也会听取学科联络员的意见,对荐购信箱的购买请求进行评估,做出订购决策[9]。然而仅凭学科馆员的个人素质和能力了解读者需求,并在书商影响下进行的图书采选,文献采选的效率不一定高。张甲、胡小菁将读者荐购方式有效性低的原因归纳为以下几点[10]:

(1)到书时间差影响读者推荐的积极性。读者(主要为教师或高级研究人员)向图书馆员推荐他们想要的图书,馆员据此查询馆藏有无复本,如需购买,还要经历确定购书渠道、获准采购、书商订购、登入编目、通知推荐人等环节,等图书到读者手里,使用需求可能已经不存在了。

(2)读者推荐的不平衡性。外向型读者可能会比较频繁地同馆员交流,推荐购买图书,而占主体的学术研究人员因其严谨学术风格形成的“内向”交流习惯,主动向图书馆推荐图书的频率会低一些,馆藏重心会因此而倾斜。

(3)技术环境的限制。以往缺乏 Web2.0 的环境,读者、馆员、书商、物流管理等信息难以实现跨系统、跨网站的交互,设想的读者决策的图书采购没有技术上实现的可能。

在简单的推荐方式难以形成以读者使用为目的的藏书采购机制的情况下,有些图书馆试图对推荐方式加以改进。如普渡大学 2000 年确立根据馆际互借请求采购印刷本图书的模式,即在读者请求馆际互借时,如果所需图书符合图书馆设定的一些参数(英语、非小说、价格低于 150 美元、3—5 年内出版),就做出采购决定。这种通过馆际互借请求的方式虽然有效,但不具有普遍性,普渡大学以这种方式采购花掉的经费仅占购书费用的 5%—7%。

图书馆馆藏建设长期以来仍然依赖于图书馆员的决策产生的问题之一,即为图书馆的馆藏并不能完全匹配读者需求。研究显示,图书馆有大量藏书无人问津,50% 以上的图书平均 10 年才会用到一次[11]。低效的馆藏使用现状影响图书馆的服务效果,馆藏与科研教学的直接相关性减弱,也使得图书馆的价值降低。

PDA 模式发端于馆际互借业务。1990 年巴克尼尔大学(Bucknell University)的图书馆率先开始利用馆际互借(ILL)记录采购图书[12],其采购的标准是:如果直接购买比借阅更经济、更快捷,就采取购买的方式。这一项目运行得很成功,以致后来该馆馆际互借组并入采访部,之后许多其他图书馆也实施了各种名目的读者决策采购项目。

PDA 的普及推广与 2008 年美国遭遇金融危机,经济不景气、教育经费紧缩有着密切关系,加之馆藏文献利用率低、馆际互借成本高以及信息技术应用、电子图书销售模式改变使 PDA 模式应运而生。PDA 源于利用馆际互借业务促进、补充纸本馆藏建设,但现已逐渐成为采购单本电子书的主要模式。PDA 极大地延展了图书馆的馆藏范围,给读者呈现更多学科、更多出版商的不同品种的学术资源。它的短期借阅、按需购买和按使用量付款等方式极大地节省了图书馆的经费,并节省了学科馆员的选书时间。同时因为可实时满足读者之需,没有时滞,受到读者的热烈欢迎。与传统的馆员决策资源建设模式不同,PDA 的文献真正为读者所需,改变了图书馆员受限于书商提供文摘的现象,也从根本上改善了馆藏文献利用率低的状况,因而也得到许多图书馆员的好评。2010 年,随着美国教育经费的进一步紧缩,PDA 成为美国许多大学图书馆购买电子书的主要模式。尽管 PDA 还处于不断发展、完善过程中,但 PDA 的发展前景是毋庸置疑的。

从购得图书的内容上分析,图书馆发现:PDA 模式是支持跨学科研究所需文献的重要途径,多数跨学科研究领域往往无专项学科文献资金,需求者多来自于跨学科的研究中心或学校附属单位,71% 的 PDA 经费用在各学科主流研究领域以外。教师更愿以这种方式而不是通过学科馆员获得所需要的图书,从教师的反馈中,他们认为 PDA 更易于获取和使用,而且他们还能从图书馆馆际互借和流通部门获得图书购买状态和到货的通知。从目前的发展趋势上看,传统的以学科馆员为主体的馆藏建设和用户驱动的馆藏建设这两种采购模式将并驾齐驱,长期共存。许多大学图书馆都在增加用于 PDA 的经费,从各图书馆的应用情况来看,PDA 经费最高的达到全部图书采购经费的 50%,成为举足轻重的采购方式[10]。

2011 年初美国华人图书馆员张甲和华东师范大学图书馆研究馆员胡小菁率先向国内同人介绍了这一新的馆藏建设模式。外文书是我国大学图书馆资源建设最薄弱的一环,经费相当有限,缺藏非常严重,借鉴美国 PDA 的模式,可以使身为教学科研主体的教师、研究生获得大量各馆无力引进的外文电子书,为人文社会科学、自然科学研究提供有力的文献保障。因此,关注 PDA 在美国等发达国家的进展,研究其对图书馆建设的影响,开展 PDA 试验性项目,不仅是服务读者、发挥图书馆功能的需要,更将有利于图书馆的长远可持续发展。

参考文献：

[1] 于鸣镝.图书馆管理学纲要[M].沈阳:辽宁人民出版社,1986.

[2] 中华人民共和国教育部.教育部关于印发《普通高等学校图书馆规程》的通知[EB/OL].[2017-10-09].http://www.moe.edu.cn/srcsite/A08/moe_736/s3886/201601/t20160120_228487.html.

[3] 袁培国,马金川.论馆藏建设中的几个关系[J].中国图书馆学报,1998(6):23-28.

[4] 郝俊勤,王丽明,李淑.促进图书馆特色馆藏建设之探讨[J].现代情报,2003(10):28-29.

[5] 金以明.图书馆特色馆藏资源建设[J].大学图书馆学报,2008,26(6):93-97.

[6] 舒炎祥.谈谈地方高校图书馆特色馆藏的建设[J].图书情报知识,2003(1):81-82.

[7] 黄强.网络环境下的高校图书馆特色服务[J].武汉科技大学学报(社会科学版),2004(2):102-105.

[8] 胡小菁.PDA——读者决策采购[J].中国图书馆学报,2011(2):50.

[9] 刘华.馆藏建设的风向标——读者决策采购[J].图书馆杂志,2012(1):38-41.

[10] 张甲,胡小菁.读者决策的图书馆藏书采购——藏书建设2.0版[J].中国图书馆学报,2011(2):36-39.

[11] HOWARD J. Reader Choice, not Vendor Influence, Reshapes Library Collections [EB/OL]. [2017-10-12]. http://chronicle.com/article/Reader-Choice-Not-Vendor/125275.

[12] HODGES D, CYNDI P, MARSHA J H. Patron-Initiated Collection Development: Progress of a Paradigm Shift [J]. Collection Management, 2010 (35): 208-221.

第四章　馆藏建设中的PDA模式

第一节　PDA模式理念与精髓

一、相关概念

用户驱动采购(PDA),作为一种馆藏建设模式,根据现有文献,最早产生于1990年美国的巴克纳尔大学(Bucknell University)的伯特兰图书馆,开始主要用于根据用户馆际互借的需求或用户通过其他方式表达需求补充所缺印本馆藏[1],后来主要用于电子图书的采购。实际上,通常意义的PDA相关概念并非图书馆界创造的,而是电子图书供应商Netlibrary于1998年提出的一种电子图书的商业模式,在美国经济滑坡而造成的各级各类图书馆馆藏建设经费缩减的大背景下为美国图书馆界所接受并采用,并逐渐拓展到其他电子图书供应商及其他电子资源采购中,之后在欧美图书馆界所流行。为了区别于Netlibrary的电子图书销售模式和其他方面的原因,PDA在国外图书馆实践中,也会以需求驱动采购(Demand-Driven Acquisitions,DDA)和按需购买(Purchase On Demand,POD)的概念出现,类似的概念还有按需出版(Books on Demand,BOD)和按需印刷(Print on Demand,POD),后两者并不是针对电子图书,也不是只针对图书馆界,但是在图书馆用户驱动馆藏建设中根据用户需求从出版社获取相应纸质图书,二者理念上基本相同。

从已有文献来看,PDA作为一个概念被国内图书馆界关注大约在2011年左右[2],之后逐渐演变为馆藏建设方面的研究热潮。以中国知网(CNKI)为检索工具,2018 年 1 月份采用高级检索方式,选择所有“文献”数据库,在输入内容检索条件中选择“关键词”,输入内容为“读者决策采购”或者“PDA 模式”,匹配方式为“精确”,时间不限,检索结果为 241 篇文献,其中,2011 年 3 篇,2012 年 16 篇,2013 年 27 篇,2014 年 65 篇,2015 年 48 篇,2016 年 44 篇,2017 年 38 篇,这也大体可以看出 PDA 相关研究在国内业界的发展脉络。PDA 相关的中文译名也有“读者驱动采购”“用户驱动采购”“需求驱动采购”“读者决策采购”等不一而足,但都指这一模式。PDA 模式是以用户为主导、用户拥有一定决策权的文献资源建设工作模式,在这种工作模式下,图书馆事先设定一定的标准或参数,当用户特定资源的浏览、借阅和阅读等实际使用情况触发这一标准或参数时,图书馆人工或自动完成对这些特定资源的购买。而按需出版和按需印刷则是图书馆购买数字形式版本或者将相关书目纳入到图书馆 OPAC 目录检索系统,如果用户需要该数字资源的印本形式或者数字资源利用率高到需要补充印本馆藏的时候,才和出版商联系按需印刷其印本形式或者在出版商授权下由本地图书馆打印其印本版本给读者阅览,读者阅毕印本版本后补充进印本馆藏书库中,被其他读者利用。相对于 PDA 的主要针对电子文献,按需出版和按需印刷的产出主要是印本文献。毋庸置疑,这也是一种基于用户需求的馆藏建设模式。当然,运行良好的按需出版和按需印刷的图书馆实践也会为这里用户需求和数字资源利用率设定一定标准,只有达到了这个标准,才会启动后期工作,理念上和 PDA 非常类似。

PDA 与国内图书馆在馆藏建设中普遍使用的“读者荐购”模式非常相似,用户根据图书馆提供的图书目录选划自己需求的图书或者利用图书馆的图书荐购系统及其他途径向图书馆推荐购买印本图书或者电子数据库等,图书馆依据设定的采购原则决定是否购买。但严格来说,这二者概念上有一定区别,“读者荐购”强调是“推荐”,而不是

“决策”，也就是说读者对于所需要的图书或者数据库仅具有“推荐权”，至于是否购买则还是由图书馆的采访馆员或者采购小组来决策。当然，这主要看事先设定的采购原则，部分图书馆在图书采购中凡是用户选划推荐的图书只要不超过单本预设的价格都会购买，在这种情况下，虽然不是直接自动启动购买，还要经过馆员的审核过程或通过馆员完成购买，但性质上已和 PDA 模式没有太大的区别，可以认为是用户决策采购。

二、PDA 馆藏建设模式发展的背景分析

一般来说，图书馆馆藏建设所采取的建设模式归根到底主要由图书馆的主要职能和馆藏建设的主要目标决定。现代意义下的图书馆馆藏建设的主要职能并不是收藏和保存图书，馆藏建设的主要目标是使图书得到充分利用。为了实现这个目标，各个图书馆及其采访馆员想出各种方法来提高文献资源采访质量，但是文献资源利用率仍旧差强人意，大量的文献资源购买后几乎无人问津。早在 1969 年，Trueswell 经过分析就发现了图书馆馆藏利用的二八定律，即 20% 的馆藏获得了全部馆藏 80% 的利用率，而其余 80% 的馆藏只获得了 20% 利用率[3]。美国相关调查数据[4]显示：美国康奈尔大学图书馆 50% 的馆藏自 1973 年之后从未被借出过，而美国布朗大学图书馆 2005—2009 年间所购的图书中也有 40% 从未被借出过，只借出 1—2 次的图书占到所有图书的 38%。河南理工大学 2010 年 1 月—2015 年 4 月购买的近 10 万种图书中也有 31.92% 没人借阅过[5]。这虽然只是个别图书馆的个别统计，但图书馆图书利用率的情况却可以窥得一斑。这与传统图书馆长期以来在馆藏资源建设工作中重数量、轻读者需求的现象有着非常直接的关系，这种情况也从电子资源大量“整库团购”中延续到了电子馆藏的建设中。值得注意的是，尽管图书馆的资源越来越丰富，但这些资源利用率比较低，用户信息需求的满足率并不高，在

各类用户调查中,反馈图书馆没有自己需要的资源或者利用各种途径向图书馆推荐资源的情况却时有发生。一面是大量资源没有人使用,一面是用户需要的大量资源图书馆没有收藏,二者之间的矛盾在数字信息环境下的今天仍在不断深化。“书是为了用的”“每个读者都有其书”是阮冈纳赞“图书馆五定律”中的两条重要定律,也是图书馆孜孜以求的目标,这在数字信息环境下的今天依旧适用。提高馆藏利用率迫切地要求改善馆藏建设模式,PDA 就是其中一种改善的策略。

坦率地讲,提高资源利用率也还只是 PDA 在图书馆产生的一个内在原因,带有“主动色彩”,图书馆采用 PDA 还具有较多内在“被迫”背景:①图书馆采购经费缩减。采购经费是图书馆馆藏建设的基础和保障,20 世纪末至 21 世纪初,美国国内经济的不景气导致了相当多的图书馆,尤其是公共图书馆和私立大学图书馆的经费大幅缩减,但图书馆要购买的资源的价格却在不断攀升,与此同时投资机构对于投资效益也愈来愈关注。在能购买资源量不断缩减的情况下,如何利用有限经费获得更高的投资效益,变成了图书馆必须面对和不得不认真思考的问题。当馆际互借成本比购买成本高时,出于节省经费和方便管理利用的考虑,图书馆就会选择采用购买的方式先获取文献,这是早期 PDA 出现的关键。后期图书馆采用 PDA 模式可以大大提高资源使用率,提高投资收益,这也是相当多的国外图书馆选择 PDA 模式的重要原因。②图书馆空间设备等条件的限制。图书馆利用物理空间存储印本资源,利用各类存储设备存储电子资源,随着各类资源的积累,图书馆物理空间和虚拟存储空间都变得非常紧张,对于那些无力拓展空间的图书馆来讲,需要适当减少每年新增资源的数量,提高新增资源的质量,尽可能增加使用率高的资源,PDA 模式则可以较为有效地解决这个问题。③数字信息环境下图书馆逐渐边缘化。毋庸置疑的是,在数字信息环境下,图书馆用户所处的信息环境越来越丰富,用户可获得信息的信息源越来越多,图书馆逐渐演变为用户众多信息源中的一个，甚至沦为非主要信息源。早在 2011 年，OCLC 推出的图书馆环境调查报告显示[6]：以搜索引擎为信息查询起点的用户所占百分比由 2005 年的 82% 上升到 2010 年的 84%，而以图书馆网站为信息查询起点的用户所占的百分比则由 2005 年的 1% 下降至 2010 年的 0%。图书馆若想在这种情况下不被继续边缘化，就需要提高用户的图书馆满意度，增加图书馆与用户之间的交互频率和途径，让用户参与到图书馆馆藏建设和服务中，更加深入地了解图书馆，提高用户的忠诚度。PDA 通过用户决策购买自己所需要的图书，提高了对图书馆图书的利用率和满意度，也无形中加强了图书馆与用户之间的交互。

当然，PDA 馆藏建设模式的出现和发展除了上述图书馆内部驱动选择因素外，也有诸多外部环境因素：①用户阅读方式和行为发生变化，数字阅读已经悄然兴起。前面已经提及，PDA 馆藏建设模式虽然也可应用于印本馆藏的建设，但其应用主流还是在电子文献建设中。在印本馆藏建设中，PDA 只是个别图书馆的试验性应用，到了电子文献馆藏建设时，由于电子文献更符合用户数字阅读的习惯，也更便于借助用户数字阅读数据自动启动购买程序，方便实现用户驱动决策，因此 PDA 馆藏建设模式在 2010 年前后迅速发展起来，引起各个图书馆的关注，更多的图书馆采用该模式。②信息技术的迅猛发展为 PDA 实现创造了技术条件。方便高效的 PDA 馆藏模式的实现，需要图书馆与资源供应商之间业务系统的无缝融合，更需要图书馆的业务系统能够支持将用户有意识或者无意识阅读需求自动转化为购买行为。而这些都依靠计算机、网络技术等信息技术的发展及相关交互标准的广泛采纳。③越来越多的资源供应商支持 PDA 模式。资源供应商对 PDA 模式的支持是 PDA 得以实现和迅速发展的基础，随着图书馆对所购买资源利用率的关注，很多资源供应商，包括 Netlibrary、MyiLibrary、Ebook Library、ebrary、Yankee Book Peddler 等也开始改变原来整库打包销售策略，开始推出更加灵活的销售模式，比如单本销售、单篇销售、短期外借及租赁服务等。

三、PDA 馆藏建设模式的理念与精髓

PDA 馆藏建设模式是一种由用户、图书馆和资源供应商共同完成的文献资源销售和购买方式[7]。对于用户来讲就是图书馆推出的新型服务,对于图书馆来讲,这就是计算机应用程序控制下的一种采购方式,而对于资源供应商来讲,这无非就是一种商品营销的策略。但 PDA 确实不失为一种良好的馆藏建设模式,该馆藏建设模式彻底颠覆了传统文献资源的采购流程,以用户阅读需求为导向,重新构建了文献资源的建设和服务的业务流程。在这个业务流程中,用户不再是单纯资源建设和服务的被动接受者,而演变成文献资源建设的决策者。在这个用户驱动决策的馆藏建设模式背后,体现了如下三个馆藏建设理念的深刻变化。

第一,从“以馆员为中心”到“以用户为中心”的理念。虽然“以用户为中心”一直图书馆服务的核心理念之一,“读者至上”“想读者之所想,急读者之所急”“用户是图书馆上帝”等内容也经常出现在图书馆各类宣传标语中,但在图书馆馆藏建设中,相当多的图书馆都还是以“以馆员为中心”,采访馆员或学科馆员为用户挑选馆员们认为用户需要的资源,然后经过组织加工入藏后给用户使用。但是囿于馆员的知识面和能力,馆员代用户挑选的很多资源并不是用户所需要的,这也是图书馆很多资源利用率非常低的重要原因之一。PDA 馆藏建设模式从资源挑选源头上让用户自己挑选,以用户需求为导向,馆员不干预或很少干预,真正体现出在馆藏建设中的“以用户为中心”的理念。

第二,从“满足不时之需”到“满足即时之需”的理念。传统馆藏建设模式下,图书馆馆藏建设的任务主要是由馆员完成,馆员根据既定的馆藏建设目的、经费预算、不同类型用户数量、资源利用率、已有

馆藏特色和建设情况及现有技术设备和存储空间等来采访资源，其目的是不仅要满足当前用户的信息需求，而且要通过资源的采购与存储来满足未来用户的信息需求。这是一种典型的“Just-in-case”（不时之需）的建设思路，一定程度确保了采访资源的全面性、多样性和长期可获得性。但是“不时之需”采购的很多资源存在相当强的不确定性，也就是说现在利用少的馆藏将来也极有可能没有人利用，这在图书馆经费、空间紧张，资源利用率偏低的情况下，带来很多问题。PDA馆藏建设模式是以用户当前需求为导向，满足的是用户“Just-in-time”（即时之需）。相对于“不时之需”的需求，“即时之需”需求更现实、更确定，虽然有些“短视”，但是在提高资源利用率和用户满意度、节约馆舍空间、调动用户资源共建积极性方面的优越性是传统馆藏建设模式所无法比拟的。

第三，从“先藏后用”到“先用后藏”的理念。从某种意义上讲，与其说PDA是一种新兴的文献建设模式，还不如说是一种文献流通服务的创新模式[8]。图书馆在拟购资源入馆组织加工之前增加了“预流通”的试用环节，经过“试用”，满足用户需求的文献资源才被真正的购买纳入馆藏，这在本质上就是一种“先用后藏”。图书馆采访的文献资源基本上都是智力产品，只依靠题名、作者、出版社等外在信息很难确定是否是所需要的资源，因此“以翻阅其中部分”为基本操作方式的“试用”是非常必要的。目前国内很多图书馆采用资源提供商纸质和电子书目选划的方式先购买收藏再提供给用户使用的模式，用户即使看到不符合需求的图书，也不便退回。后来部分图书馆采用了现货选择购买的方式，资源提供商将文献资源提供给馆员，馆员翻阅后决定是否购买，可以减少一部分“依据题名购买‘垃圾’资源”的可能。但这一方式同样有前文提及的馆员的知识面和能力问题，代替用户选择仍存在很大的风险。PDA馆藏建设模式下的图书馆资源采访将试用选择权限交给了最终用户，才是真正秉持了“先用后藏”的理念，保证收藏的文献资源是用户真实需要的。也正因为这个原因,PDA 馆藏建设模式采访获得的文献资源能够收获比较高的利用率和用户满意率。

四、PDA 馆藏建设模式的优劣势分析

作为一种新型的馆藏建设模式,PDA 与图书馆传统采访模式截然不同[9](参见表 4－1)。PDA 模式从产生至今,尤其是近十年来,在国外图书馆界取得广泛的认可,越来越多的图书馆接受和应用这个馆藏建设模式,国内图书馆相关应用近年也已经起步并取得了非常大的进展。实践证明,该模式还有很多传统馆藏建设模式无法比拟的优势。

表 4－1 PDA 模式与传统采访模式对比表

比较项目	PDA 模式	传统采访模式
采购理念	满足即时之需的即用即买	满足不时之需的预防性购买
采购运作模式	以用户为中心,用户主动自我服务	以馆员为中心,用户被动接受服务
计费单元	灵活多样,按册、使用次数等	固定单一,按整个库
付款方式	先使用(试用)后付费	先付费后使用
典藏流通方式	先用后藏	先藏后用
获取速度	快速响应,优先使用或在线即时使用	响应较慢,采购后等待到馆、加工
采购计划性	无计划,按需购买	有计划性采购
馆藏体系	零散不成体系	系统完整

在这些优势中,最为主要的体现就是经过 PDA 模式采访的文献资源,容易被用户利用,资源利用率取得了明显改善,在图书馆未购买之前就产生了资源使用记录,从根本上改变了馆藏文献资源利用率低

的现状。相关资料显示：美国俄亥俄州立大学图书馆的PDA图书具有极高的流通率，仅在22个月中平均每种达16次，最高的一种达151次（每次2小时）[10]；美国南伊利诺伊大学卡本代尔分校图书馆，实施PDA所购买的470种电子图书中，235种在购买后仍有使用记录，平均每种书被浏览95页，表明已购图书被深度使用[11]；美国杨百翰大学图书馆实施PDA后，统计分析发现电子书的PDA方式比传统方式要便宜26%，使用次数却为传统方式购得图书的13.75倍甚至更多[12]；香港科技大学图书馆实施PDA后，Wiley使用量超过50次的文章上升了1.3%，ebrary使用量超过50次的文章上升9%，Wiley未使用文献所占比例由原来的73%下降到37%[13]。除此之外，还有诸多的优势，主要体现在：

（1）方便快捷准确地满足用户的需求。PDA馆藏建设模式实现了用户阅读行为驱动购买决策，使得用户能够直接参与到图书馆馆藏资源建设中来，按照自己的需求直接采购，这种需求的满足较好地支持了用户的学习、科研、工作和生活，而且用户的文献获取大多可以实现一站式，其他也可以实现快速响应。最重要的是，PDA不像很多图书馆现有的荐购服务，需要用户单独提交推荐单，PDA模式下，用户只要按照正常的流程查询和使用资源即可，无须跳出系统，无须过多的操作，甚至多数情况下，用户对此可能一无所知，在点击和阅读之间，已经为图书馆提供了需要购买的建议或购买了该资源。PDA总体上节省了用户获取和等待的时间。PDA提高了用户对图书馆满意度，拉近了图书馆与用户之间的距离，真正体现了以用户为中心的图书馆服务理念。

（2）节省了图书馆经费。PDA馆藏建设模式克服了电子资源打包购买的弊病，可以根据需要选购有直接需要的某本书、单篇文章或者多卷书中部分章节，按照使用次数计费，降低了馆际互借业务量和费用，克服了以往图书馆无力购买所有出版社电子图书的不足，使图书馆可以即时采购真正有读者需求的图书，将有限经费应用于用户真正需要的资源上。对于电子资源来说，PDA 模式下还根据在线访问和阅读情况向资源提供商灵活支付使用费用，从而节省购买经费。比如：电子书全文 5 分钟之内免费，5 分钟—24 小时为“短期借阅”，支付书价的 5%，同一本书有 4 个以上的“短期借阅”，则“触发”购书，支付全部书价并拥有该电子书使用权[8]。

（3）完善图书馆馆藏结构。原则上讲，PDA 馆藏建设模式下不同学科、不同身份的所有用户具有相同的请求购买权利，那些针对特定用户个性化的、小众的、交叉学科和边缘学科的文献资源，只要满足图书馆预定的条件，都可以被纳入到馆藏中。那些原来只依靠采购馆员或学科馆员或少数学科联系人选择购买，或推荐购买所无法涵盖的馆藏资源被纳入到馆藏中，可以大大弥补原有馆藏结构的不足，使图书馆馆藏结构更加完善、合理，从而起到更好的文献资源保障作用。

（4）降低馆员的工作压力。PDA 馆藏建设模式是用户需求驱动，只要事先考虑周全，相关文档完备，系统支持给力，资源采购的相关工作就可以依赖系统自动运行实现，采购馆员或学科馆员相当多的采购任务不需要进行审核，这就会大大缓解馆员的工作压力，减少馆员的工作内容，解放出来的人力资源可以有更多时间学习和掌握其他新的工作技能，拓展更加深入的信息服务。

当然，PDA 馆藏建设模式也有很多局限，其中最典型局限在表 4－1中可以看出，PDA 馆藏建设模式是无计划、无体系的。这就意味着，尽管 PDA 有很多的优势，但是对于那些有明显馆藏特色的研究型、大型图书馆而言，图书馆不能只依靠 PDA 模式构建馆藏，否则，长此以往馆藏特色就有可能消失。图书馆不是只供用户任选所需的书店，需要有特色系统的馆藏保障体系，要完成这个目标就需要有目标、有计划地进行建设。如果过分依赖 PDA，用户的即时需求可能得到了充分满足，但可能会忽视了学科发展的长远需求或潜在需求，偏离图书馆的馆藏发展战略,从而使图书馆向图书商店的方向发展[14]。PDA 模式还有以下缺点:①PDA 模式当前主要应用于电子文献,其他类型资源的 PDA 商业模式尚在拓展中,限制了 PDA 的应用范围,发挥的作用还比较有限。②资源提供商提供的可用于 PDA 馆藏建设的资源还不多。调查显示[14—16],只有不到一半的学术著作提供数字版本,大部分依然只提供印刷版本,PDA 涉及的学术类数字文献还比较少。因为每年出版的大量学术著作中,即使是最大的数字供应商,也只能提供其中很小的一部分。PDA 供应书商提供的购书纲目是有限的,远远不能满足学术图书馆馆藏建设的需要,如果 PDA 成为采购的主导方式,对于学术馆藏的建设无疑是一个巨大的灾难。③用户滥用权利造成采购经费的浪费。因为 PDA 目前主要通过用户点击行为产生和激发资源的自动购买。如果用户任意点击,将产生大量不合理的购买要求。在我国诚信体系尚未建立起来的情况下,不良资源供应商甚至会有意识、有针对性地"制造"点击,增加图书馆的开支[14]。因此,PDA 只能是一种有效的补充方式,不能代替馆员在长久工作中积累起来的选书经验,更不能违背馆藏发展规划。

第二节　PDA 馆藏建设模式的实现和实施

一、PDA 的主要实现模式

PDA 作为一种以用户为主导的馆藏建设模式,用户已经从馆藏建设的单纯被动接受者和服务终端转变为服务前端、馆藏建设某种形式的发起者和决策者。在 ACRL(Association of College & Research Libraries,美国大学和研究图书馆协会)2010 年发布的未来大学图书馆十大发展趋势的第一发展趋势就是"馆藏增长取决于用户"[17],PDA 已经成为国内外图书馆界,尤其是国外图书馆界馆藏建设实践中非常重要的建设途径。从美国巴克纳尔大学的伯特兰图书馆、普渡大学、丹佛大学应用馆际互借的数据和其他需求数据在纸质文献中应用PDA,再到美国康奈尔大学、杜克大学、丹佛大学以及国内的山东大学、电子科技大学、华中科技大学等大学图书馆主要在电子书采购中的应用PDA,PDA产生了较多的实现模式,国内也还出现了诸如“彩云”服务之类的PDA变体(本章第三节中详细介绍)。

1.印本资源的PDA实现

虽然PDA馆藏建设模式主要应用在电子资源购买中,但在印本资源馆藏建设中发挥的作用也不容小觑,排除后面将详细介绍的国内“彩云模式”类印本PDA建设模式,也还有很多国外图书馆在印本资源馆藏建设中应用PDA建设模式,毕竟PDA最早出现在图书馆的馆际互借中:1990年美国巴克纳尔大学的伯特兰图书馆发起PDA项目购买该校师生馆际互借图书,2000年美国普渡大学则在实施的PDA项目中选择师生馆际互借申请中那些最近出版的英语学术类图书进行购买,2002年香港大学图书馆决定购买馆际互借中难以获得的国外专著[1]。这里需要说明的是,随着图书馆馆际互借业务的发展,PDA要采购的资源已经由原来只采购图书,演变为也采购文章、期刊及音视频、CD、DVD等多媒体资源[18]。当然,印本资源中应用PDA模式也并非单指馆际互借中的应用,在其他的图书期刊采购也有较多的应用。这里就简单分两类对相关模式进行说明。

(1)馆际互借中应用的PDA馆藏建设模式

这种模式下,图书馆经过研究设定一定的标准,对于馆际互借中用户提出的馆际互借资源,系统自动或者人工进行判断,只要符合标准的,就启动直接购买的程序,不再通过馆际互借途径满足用户需求,而是购买该资源提供给用户。不同高校设定的标准会有较大的不同,比如美国印第安纳州立大学图书馆设定的启动图书标准:最近两年内出版的学术著作、非教材、亚马逊上购买每本不高于200美元、三天之内可以采购到馆、如果通过其他途径无法获得的书籍、如果购买成本比借阅更低一些的可以直接购买[18]。美国普渡大学图书馆设定的标准是：英语、非小说、学术著作、三年内出版、价格不高于 150 美元、可以一周内到货[19]。美国康奈尔大学图书馆设定的标准则是：近五年内出版、英语、学术性、非教材、价格不高于 150 美元、7 日内到馆、首选平装等[20]。可见，馆际互借模式中，一般都会限价、限类型，因为是以买代借，所以必须还要考虑到采购到馆可以提供给用户的时效问题。

除了这种利用馆际互借系统中用户提交的需求数据采购的 PDA，用户在图书馆集成管理系统中的一些借阅信息行为也会被用于启动采购流程，比如用户的预约数据。有的图书馆在图书馆集成管理系统中对图书预约数量设定了触发参数，当图书预约数量超过既有的设定值时，会自动将相关图书的信息发送给采访馆员，由采访馆员根据情况启动副本模式采购，这也是部分文献提及的预存序列的 PDA 实现模式。

(2)普通纸质资源中应用的 PDA 馆藏建设模式

这种模式下，图书馆经过研究设定一定标准，将符合标准的书商的书目数据经过查重后导入图书馆馆藏目录查询系统，用户在查询馆藏目录中，若发现需要的图书馆藏中没有，目录系统会出现“请求购买这本书”之类的链接，链接页面会告知用户该书图书馆可以购买，购买到馆周期，是否有电子版等，也会要求用户填写相关需求表单。图书馆采访馆员或者系统则依据既定的标准，比如价格，凡是符合标准的立即购买，超出标准价格的由馆员进行一定斟酌取舍。资源供应商会将印本资源直接寄给用户，用户使用完后再交给图书馆，图书馆再进行编目、加工等工作后入藏，资源供应商则将用户签收的账单或者用户将签收账单副联与图书一起交给图书馆，图书馆以此为据与资源供应商结算采购费用。也有在实践中，资源供应商将这些资源提供给图书馆，图书馆开辟特定空间放置这些图书，但不做加工或简单加工就通知用户取阅,用户使用完后再加工。这种模式下需要考虑两个标准,一个是什么样的图书目录可以纳入到馆藏目录中用户可以检索到和推荐购买,另一个是用户推荐的哪类图书可以由系统或馆员直接购买。综合国外实践情况,这里标准的设立和馆际互借设定的标准相仿,比如资源类型、最高限价、语言、出版时间、学科要求等,如果必要也可以设定用户可以拿到资源时间周期。对于第二个标准,规范的图书馆还会考虑超出标准再斟酌购买时需要遵照的标准或者参考要素。

除了这种将资源提供商的书目导入图书馆系统的方式,也有些 PDA 实践是让用户直接使用资源提供商的查询系统或者现场购选,只有符合用户需求的资源再到相关图书馆馆藏目录中进行查重,符合图书馆约定条件的资源进入购选程序。

2. 电子资源的 PDA 实现

电子资源应用 PDA 是 PDA 应用的主流,国外大量图书馆在电子资源采购中应用了 PDA 模式。前面已经反复提及,电子资源 PDA 实际上是电子资源供应商提供的更加灵活的资源销售模式。与印本资源必须到馆或到达用户手中才可以使用不同,电子资源获得后在线即时就可以使用,对于用户而言,图书馆是否购买拥有并不十分重要,只要是可以使用就可以满足需求。也正因为此,电子资源供应商提供给图书馆的资源采购方式也更为灵活,可以是 PDA、PDA 租借或短期借阅、PDA 使用或访问、EBA 实证采购四种主要模式[21],付费模式也更加灵活,可以按照使用次数付费,也可以按照资源使用程度(比如阅读多少页)付费、资源使用方式(比如阅览、复制、打印)决定如何付费,也可以按照图书单本或期刊的单刊或文章单篇付费。

电子资源的 PDA 实现与印本资源的 PDA 在流程上并没有本质的不同,都需要图书馆根据本馆实际和资源提供商资源、服务、销售结算方式等实际情况,事先研究并设定一定的资源采购标准,资源提供商根据标准将符合要求的电子资源相关元数据导入到图书馆馆藏目录系统或发现系统之中,用户可直接使用这些电子资源,按照图书馆与资源提供商之间商定的标准,图书馆按次付费或者启动购买模式购买该资源。

目前国外主要电子资源提供商 Netlibrary、Ingram、EBL、ebrary、Wiley 等都开始向图书馆提供 PDA 服务模式,但各个资源商提供服务的形式也会有所不同,而且也会随着时间的推移发生变化。比如:2009 年时 Netlibrary 确定的政策是:首次点击即触发购买,图书馆可以选择持续访问模式,一旦购买,即拥有该书,也可以选择年度购买模式,图书馆为所购书支付年费,5 年后拥有。MyiLibrary 的 PDA 首次访问为无须付费的预览,包括所有电子书功能(如打印和复制、粘贴),第二次访问触发永久许可,费用因单用户或多用户访问而异。EBL 的 DDA 项目中所有图书都可免费浏览 5 分钟。此后有三种购买选项:第一种为短期外借,即一次性的 24 小时外借(按次付费),费用大大低于购买价;第二种为中介访问,读者可以要求浏览超过 5 分钟,馆员可以通过邮件拒绝或批准,或是购买,或是短期外借;第三种为自动购买模式,即基于设置的短期外借次数"触发"购买(不同图书馆可设置不同的次数)。之后,Netlibrary 将触发购买调整为点击 1—3 次,EBL 提供一本书一次看若干页(如 10 页)的触发购买模式[2]。2010 年时,ebrary 的电子书 PDA 确定的政策是:当用户使用一本书达到 10 分钟或者浏览一本书达到 10 页或者打印了除扉页、索引等书前和书后资料之外的内容的一页就启动购买[22]。

当然,这些电子资源提供商提供的 PDA 馆藏建设模式最为关键的是跟各个图书馆直接相关。各个图书馆根据自己馆藏、用户数量、经费情况、技术条件等,通过与电子资源提供商的谈判确定本馆的购买模式。比如,同样是针对电子资源商 ebrary,美国丹佛大学与其约定的规则是"免费浏览 5 分钟或 10 页,超过为短期租借,短期租借超过 3 次触发购买",杜克大学则与其约定为"2.275 美元以下,点击 10 次触发购买”,杨百翰大学限定为“2000 年之后的图书,单册价格不超过 250 美元,非计算机和旅游类图书”,伊利诺伊大学香槟分校限定的是“过去 3 年内出版的单价在 200 美元以下的英语学术书”等。

二、PDA 实施的基本工作流程

结合前文对 PDA 概念及其实现模式的分析,从涉及系统、数据以及具体实现的工作流程不同来看,主要有三大类:一类是馆际互借中利用馆际互借系统和用户提交馆际互借需求数据实现,一类利用图书馆目录查询系统及其他资源查询系统(比如资源发现系统)和用户使用数据需求实现,另一类是利用资源提供商提供的系统和用户使用需求数据实现。总体来说,PDA 模式的实现都至少需要三个基础:一份规则,这份规则是图书馆与资源提供商约定,约定什么类型的资源在何种条件下用户可以购买以及如何启动购买、如何获得使用和使用后如何入藏;一份需求数据,这份需求数据可以是用户直接购买的意思表示,比如挑选出相关资源明确表示想请图书馆购买,也可以是用户无意识的需求表示,比如查询相关资源和使用相关资源的行为数据;一份图书馆馆藏资源目录,有时候还需要一份资源商提供的资源目录。在图书馆馆藏资源目录、资源商资源目录和用户需求展现的资源目录之间,取得最佳匹配的资源,即后二者匹配成功但与馆藏资源目录无法匹配且符合规则的资源被启动购买并供用户使用。

1. 基于馆际互借系统 PDA 实现的基本工作流程

在这类 PDA 实现模式中,用户跟资源商没有直接接触,用户只是在馆际互借系统中提交了自己的资源需求目录,图书馆先判断本馆是否有馆藏,有馆藏则直接提供,没有馆藏,根据规则确定是否要购买该资源,符合规则的直接从资源提供商那里采购并提供给用户使用,不符合规则的则返回馆际互借系统,通过馆际互借系统满足用户需求。具体流程参见图 4－1,其中实线部分为 PDA 的具体工作流程。

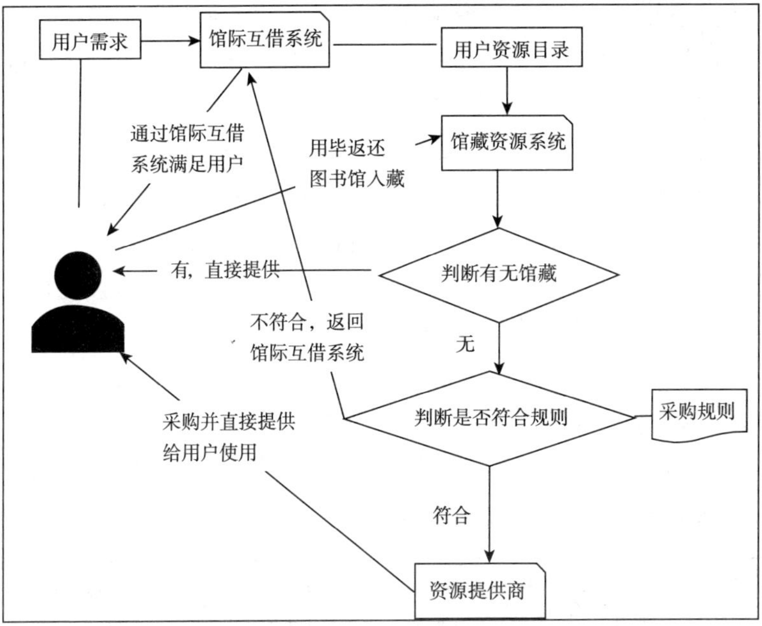

图 4－1　馆际互借 PDA 实现的工作流程

2. 基于图书馆馆藏目录或其他资源发现系统的 PDA 实现工作流程

该模式下的 PDA 是当前图书馆实践中的主流，一般流程是：①图书馆根据自己的馆藏建设目标、特色、经费、人员等实际情况以及与资源提供商商谈设定 PDA 项目的预设文档，也就是采购规则。②图书馆根据需要对已支持 PDA 的目录查询系统或者资源发现系统进行适当配置，国外主要的图书馆集成管理系统，比如 ALMA 等都已经支持，而对于不支持 PDA 的目录查询系统或资源发现系统进行必要的技术改造，以为 PDA 的顺利实施提供技术保障。③图书馆采访人员或采访工作小组根据本馆资源建设的任务以及服务读者的主要需求特点，比如高校图书馆所服务母体机构学校学科建设、管理模式以及人文环境等调整并确定要采购的资源范围，资源提供商依据图书馆提供的资源范围提供资源目录数据，图书馆将这些数据导入目录查询系统或资源发现系统。④用户利用图书馆的目录系统或资源发现系统查找自己所需要的资源，当用户需要的资源图书馆并未购买时，提示用户该资源尚未购买，但图书馆可以代替用户购买，用户根据要求进行登记，有电子资源的可以根据约定的方式直接获取全文使用，或限时免费浏览部分内容或短期借阅，超过时限或使用次数，就会自动触发并启动购买环节。没有电子资源的，则根据图书馆的约定启动纸质图书购买流程。⑤图书馆采访人员根据用户触发的购买程序信息，按照图书馆相关规则对于需要审批的进行审批和集中采购。⑥用户使用该资源后，图书馆入藏相关资源，并根据需要和资源提供商进行采购结算。该模式工作流程简图参见图 4 –2。

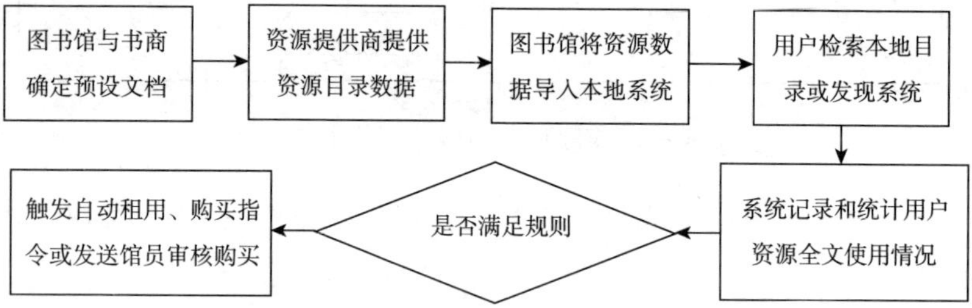

图 4 –2　基于图书馆系统的 PDA 实现工作流程

3. 基于第三方资源提供商系统 PDA 的工作流程

该模式下的 PDA 是在资源提供商系统中完成的，虽然与前两个并没有本质的区别，但相关工作流程却有较大的不同：①图书馆与资源提供商经过协商确定采购的预设文档和采购规则；②资源提供商根据与图书馆的约定在自己的系统平台上设定图书馆用户可查询检索的资源目录范围，根据约定有些图书馆的用户可以查询全部资源，有些则是只能查询到图书馆约定的用户可以查询的资源；③用户登录第三方资源提供商的系统,完成图书馆用户身份的认证;④用户在第三方资源提供商的系统中检索到自己所需要的资源并提交购买请求,第三方资源提供商系统或工作人员对用户提交的资源在图书馆系统中进行必要的查重并根据与图书馆的约定确定是否可以由图书馆代购该资源,符合条件的电子资源直接启动购买,电子资源可以直接使用。符合条件的纸本资源则由资源提供商寄送给用户,用户使用完直接还回图书馆;⑤图书馆将用户购买的资源进行入藏处理,并跟第三方资源提供商结算用户购买资源的费用及相关费用。相关流程参见图 4－3。

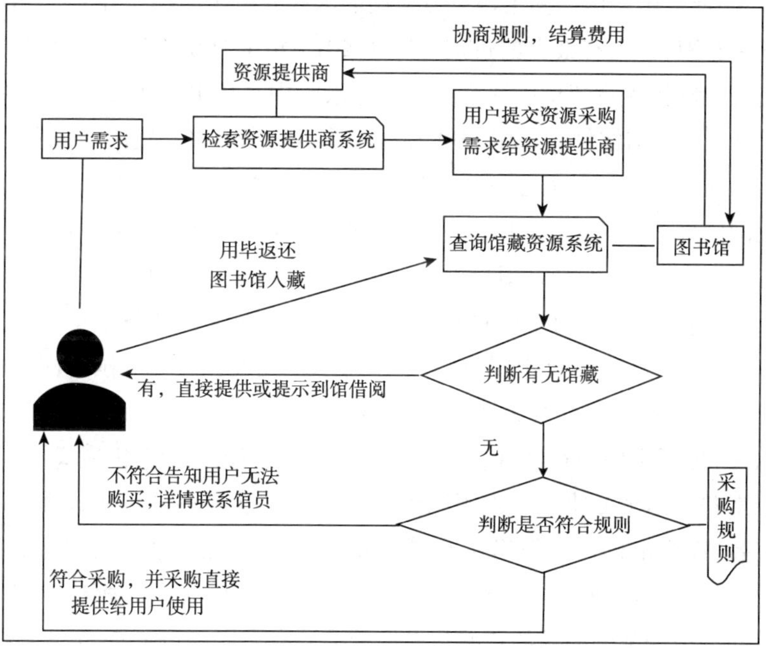

图 4－3　基于第三方资源提供商系统的 PDA 实现流程

第三节 国内PDA模式变体——"彩云"模式

一、国内图书馆PDA应用实践概说

PDA在国外图书馆实践中表现得风生水起，接受和应用的图书馆越来越多，形式和内容也越来越丰富，但在国内图书馆界，虽然自2011年相关概念被引入后迅速成为业界关注和理论研究的热点内容之一，但是相关实践，尤其是国外图书馆PDA应用的主流领域——电子书采购实践，由于国内图书馆可以采用的国内外电子书提供商对于PDA支持有限，并未有太大的进展。除了2015年1月份中国社科院图书馆与德国德古意特出版社合作在资源采购中采用PDA模式的相关报道外[23]，图书馆鲜有采用PDA模式采购电子书等电子资源的报道。

根据吴雪芝等人在《PDA离国内大学图书馆还有多远》[24]一文中对国内外大学图书馆PDA产生的内外部因素分析思路，可以看出：从内部要素来看，不管是用户需求、馆藏利用率低，还是物理空间压力因素，国内外实际上的差别并不大，PDA在国内图书馆具备了产生的土壤；从外部要素来看，国内网络技术的迅猛发展也已经为国内图书馆应用PDA提供了非常足够的技术保障条件。但是"图书馆经费缩减"以及"出版机构的管理机制、资源商及其销售商提供的销售模式"两个因素并不是十分明显。由于国内图书馆的经费大多来自于各类财政拨款，在当前国内经济迅速发展的大背景下，虽然个别图书馆有资源建设经费停滞或减少的现象，但相当多的图书馆，尤其是那些知名高校和大型公共图书馆的资源建设经费都还有不同程度的提高，总体上看来国内图书馆经费缩减所造成的压力并未像PDA在美国产生时经费缩减所造成的压力那么大。更为关键的是，"出版机构的管理机制、资源商及其销售商所提供的销售模式"这些年并没有太大的变化，这

是由于在捆绑式包库销售形式下,资源商及其销售商能够获得更大的利益,在外力不够大的情况下,销售形式不会发生太大的变化。因此,时至今日,以捆绑式包库的销售形式依旧是国内外电子资源的出版商或销售商采用的主要形式,在这种情况下,电子资源的 PDA 模式在国内很难有较大范围的推广。

也正因为 PDA 产生的内部要素已经具备,故即便在电子资源中无法实施,但却催生了 PDA 模式在印本文献采购中的应用。图书馆与实体书店合作达成某种协议,图书馆的合法用户在实体书店直接借阅所需的馆藏未曾收藏的图书,阅后返回给图书馆成为图书馆馆藏,图书馆与书店就用户借阅的图书结算购买所需的费用。相关采购模式在国内公共图书馆应用较多,从这些印本图书的采购过程实质来看,虽然和国外的印本图书采购的 PDA 模式不同,但也符合 PDA 的实质精髓,可以认为是国外 PDA 资源建设模式在国内的一种发展和变体。其在公共图书馆应用较多,其中最为著名的就是内蒙古图书馆的“彩云服务”[25],其他公共图书馆也产生了诸如杭州图书馆的“悦读计划”[26]、绍兴图书馆的“你看书,我买单”[27]名称不同但实质相似的印本资源采购模式。近两年,高校图书馆也开始出现此类纸本图书采购的 PDA 模式,比如湖南大学图书馆推出的“书非借——读者荐购闪借服务”[28]、山东大学图书馆的“捷阅通”[29]、电子科技大学图书馆[30]和杭州电子科技大学图书馆的“芸阅读”[31]等。

二、国内图书馆 PDA 模式的主要变体——“彩云”模式

1. 何谓“彩云”模式

“彩云”模式是国内图书馆 PDA 模式应用中最为出名的一种变体应用,由内蒙古图书馆首创,于 2014 年 5 月正式推出[25]。正如前面屡次提及的那样,PDA 虽然是一种馆藏建设模式,但是对于用户来讲,这其实是一种图书可以预流通的对外服务形式。内蒙古图书馆的“彩云

服务”以“我阅读你买单,我的图书馆我做主”为主题,规定凡是持有内蒙古图书馆读者证的用户,均可以根据图书馆约定的购书范围和借阅制度,在内蒙古新华书店总店、新华书店内蒙古图书馆分店(内蒙古图书馆馆内)、内蒙古博物院书店、北京西单图书大厦4个试点资源提供商那里直接挑选自己所需的图书,在书店无须支付任何费用,由书店工作人员增加RFID标签后直接办理借阅手续外借该图书,阅读完成返还给内蒙古图书馆,用户挑选和外借的这些图书的相关费用由图书馆和书店结算[32]。详细平台操作详见本书第七章。

2015年1月文化部组织的全国公共文化服务体系建设专家委员论证该项目时一致认为:“彩云服务是中国对世界图书馆的重大贡献,创造了公共图书馆提升服务效能的中国经验。”[33]该项目也因此获得2016年美国图书馆协会(ALA)国际创新奖[34]。此后,该项目一时名声大噪,获得了国内外媒体和业界的关注,其应用范围在逐渐扩大,按计划将在内蒙古自治区各盟市旗县图书馆实现全覆盖[34]。

2.“彩云”模式的实现

“彩云”服务以用户需求驱动,改变了原来图书馆界原有“采藏借”的惯有服务模式为“借藏采”的服务模式,符合PDA先使用后藏买的基本思路,因此可以看作是PDA的一种变体。“彩云”模式实现的整个业务流程主要由读者现场选书、读者选购下单、选购图书入编、购借图书入藏、订单结算和统计分析6个环节组成[35]:读者在联网的合作书店现场选书;读者选好书后在书店柜台刷读者证、输入密码,经系统确认读者证有效后(读者没有未归还和超期的图书以及可购买数量在信用等级范围内),书店工作人员扫描图书ISBN号,系统自动与图书馆书目数据比对,如此本书符合图书资助采购规则范围,系统自动生成购(借)书订单,完成读者下单环节,如果要采购的图书图书馆复本量已达到馆藏设定标准,则提示读者去图书馆借阅;在完成订单输出后,书店工作人员对所购(借)图书进行条码和RFID芯片粘贴并通过光笔扫描转换后,系统自动将图书编目信息上传到图书馆数目数据库,完成图书的图书馆简单编目业务操作(此部分工作只需简单三步操作,读者只需等待2分钟左右),读者将图书借走;读者自助购借的图书在规定的借阅期内归还图书馆,系统自动恢复读者可借阅图书数量。读者还书后系统会自动提示图书馆工作人员进行图书入馆编目并最终入藏流通。系统每日自动备份数据并建立日志以确保数据完整可靠,图书馆和书店定期对账核算费用;图书馆针对前一年图书的流通率进行排名,综合参照书店畅销书排行以及其他资源的使用排行,计算出优质的借阅图书以及相关的读者,进行信用等级的调整和奖励。

3.“彩云”模式的保障机制[36]

馆藏建设是一个非常系统的工程,既要保障现实用户的即时需求,还要从一定程度上保障馆藏建设体系、特色以及用户长远需求的满足。PDA馆藏建设模式在满足用户需求时能够发挥很大的作用,但是其建设的馆藏极有可能不成体系,用户需求采购的权力也极有可能被“滥用”,这都需要建立一定的保障机制。“彩云”模式之所以能够引起大范围的关注和极高的推广价值,因其在保障机制方面考虑的比较细致。

(1)建立较为完善的馆藏调控体系

在“彩云”模式中,内蒙古自治区图书馆首先借助于合理经费分配从总体上保障馆藏体系的合理,该馆为用户需求采购的图书和基本文献资源设定的了合适比例,在经费中划拨出40%用于购买学术著作、参考工具书、民族地方特色文献及大型连续出版物等,60%的经费用于“彩云”服务中满足大众阅读的即时需求;其次,对于“彩云”服务中用户采购的图书也进行了设定,该馆设定了自主采购图书个人采购量、自主采购图书种类、自主采购图书复本、自主采购图书总量方面的控制,这些控制借助于计算机系统实现动态跟踪和控制。对这些个人采购图书的价格不超过用户在图书馆原来缴纳的押金,并根据信用等级确定用户每月可采购的量,超出就不能再购买。图书馆对用户可采购的种类也有限定,比如购买的图书不能是教辅类图书,这些图书种类的约定是跟合作书店约定好并在系统中设定的,用户如果选购约定之外的图书则不能启动购买。系统也会将用户采购的图书元数据信息与现有馆藏图书进行匹配,当检测到复本量或总量超过预设值,系统都会自动提示停止购买行为。

(2)建立用户信用等级制度

为了控制用户自主采购的“滥用”,保障用户自主采购有序健康发展,内蒙古自治区图书馆设立了系统的用户信用等级制度,并基于此对用户的自主采购权限进行区分。读者自主采购信用分为 A、B、C 三个等级。默认的信用等级为最低级 C 级,C 级信用等级读者可自主购借图书 2 册/月。信用等级每上升一级,可自主购借的图书增加 1 册。当读者前一年购买书籍的图书流通次数超过 5 次,系统评级自动上升一档,可购借图书数量增加 1 册。当读者前一年购买的电子图书在馆内前一年下载使用排行或者销售排行前 50,系统评级自动上升一档,同时可购买图书数量增加 1 册。当读者前一年购买书籍超过 10 册,同时满足馆内流通率、书店排行榜的要求,系统评级上升至 A 级,可购买图书增加 4 册。

三、国内图书馆其他主要的 PDA 馆藏建设与服务实践

1. 用户现场采购的类“彩云”模式

纵观国内图书馆领域纸质图书的用户需求采购的建设模式,有一批图书馆都采用的是现场采购型的用户需求采购模式。与“彩云”模式运行模式最为相仿的是杭州图书馆“悦读”项目、绍兴图书馆“你看书,我买单”项目、湖南大学图书馆“书非借——读者荐购闪借服务”项目、山东大学图书馆的“捷阅通”线下借阅[37]等,这些项目是图书馆

与合作书店签订协议,用户在书店现场采购,通过与图书馆的图书进行查重处理,在图书馆约定的采购范围内直接选购借阅或快速处理后借阅,图书馆为这些图书买单。也有一些图书馆的用户采购虽然依旧是在现场,但是这里的现场已经转移到了图书馆中,有些书店直接进驻到图书馆。图书馆单独开辟出一处免费空间或租赁空间,合作书店直接入驻,用户自助选购图书的环节与书店版大体相仿,晋江市图书馆的“采书乐坊”[38]、铜陵市图书馆的“书店与图书馆的结合体”[39]就是此类。也有一些合作书店或书商或者馆员将符合要求并经过查重的图书放置在图书馆的新书阅览室中,用户直接选购简单处理后外借,阅后还回后再进行编目入藏,佛山市图书馆[40]和东北石油大学图书馆[41]的新书阅览室就是此类。以下就典型案例进行介绍。

(1)湖南大学图书馆荐购闪借服务[28]

“书非借——读者荐购闪借服务”是湖南大学图书馆 2017 年推出的快速借书与购书模式,全体师生可凭借校园卡在湖南省图书城直接实现书本借阅。整个借阅流程包括选书、闪借以及核验。选书:选好图书后,用微信扫码查重;闪借:带上符合规则的图书到图书城总服务台办理借阅手续;核验:图书城工作人员核验提示短信。借阅手续在图书城现场全部完成,无须再回图书馆办理,也无须读者现场付款,读者可以最快最直接的方式借到自己所需的各类新书。用户需要在 30 天内将闪借获得的图书归还图书馆。为了保证工作顺利开展,该馆设定了详细的服务规则,比如不可采购图书种类(教材教辅、考试习题、工具书、非书类、贴图类等)、闪借单册价格(不超过 80 元)、每次闪借册数(3 册)、每月闪借的次数(1 次)、闪借图书的馆内复本量(5 次)等。

(2)杭州图书馆“悦读”服务计划[42]

该服务项目是杭州市图书馆与杭州市新华书店庆春路购书中心从 2016 年 1 月起,借助于杭州图书馆自主研发的“悦读服务”App 推出的。用户在书店对书目进行挑选,通过“悦读服务”App 确认图书状态,若读者和图书同时满足条件,读者可将图书带至收银台,由工作人员对新书进行拆封、加工,盖馆藏章、贴上条形码、标签和磁条完成借阅流程,读者在规定时间内完成阅读,将图书归还到指定的还书点,再进行深度加工和入藏。该项目限定教材教辅类图书、标准产品目录类图书、成套古籍、馆藏副本达到上限图书,单册图书价格高于 300 元图书不能借阅,每人总体借阅量不能超过 10 本。

(3)广东省佛山市图书馆“新书借阅处”项目[40]

该服务项目由广东省佛山市图书馆在 2011 年 3 月针对纸质图书推出的一项服务,2012 年从纸质图书扩大到音像资料,运行范围也从佛山市图书馆总馆到该市其他图书馆。新书借阅处的图书是采访人员根据馆藏发展政策和本馆采访原则初选的当年出版且查重后却无馆藏的中文图书,用户预借的图书由工作人员进行贴条码、盖馆藏章和简单数据录入这样的简单操作,之后可以马上办理外借手续。首次借阅归还后,再移交采编部门编目、加工和典藏。图书馆设定复本量和借阅量的原则,保证用户自主选书不会出现超出复本情况,而规定每人借阅量则在一定程度上可以避免购书经费超出预算。

2. 用户线上采购图书的 PDA 模式

除了现场的这种用户选购借书模式,近年随着网络技术的深入发展,也出现网上选购借阅纸质图书的相关实践。在这种模式下,用户利用网站或手机 App 或微信等方式在图书馆合作书商或出版社提供的检索系统中查询自己所需图书,想要借的图书会自动和图书馆馆藏系统进行匹配,如果没有或者复本量不够,则自动启动购买模式,书商或出版社会将图书寄给用户,用户阅后返回给图书馆,图书馆再进行入藏的相关操作,并根据约定定期跟书商或出版社结算这种用户借阅图书的费用。这种模式跟国外相当多的纸质图书 PDA 选购模式已基本相同,根据已有的报道,山东大学图书馆、电子科技大学图书馆、杭州图书馆等机构在 2017 年已经推出了相关服务。

(1)山东大学图书馆的“捷阅通”服务

山东大学图书馆“捷阅通”服务[43]是 2017 年 3 月份推出的,分线上借阅和线下借阅两种,线下借阅是通过与山东书城合作开展,具体实施的方法与“彩云”模式类似,而线上借阅可以通过山东大学图书馆微信公众号的“捷阅通”栏目、“芸台购”网站、“芸阅读”App 三种方式,在合作方浙江省新华书店集团网站上选购借阅,网站对购书金额满 58 元后免费邮寄给用户,自确认收货起计算借阅期(跟馆藏图书一样为 30 天),到期后需要到山东大学各校区图书馆总服务台人工还书处还书。“捷阅通”服务限定单册图书价格上限为 150 元,借阅的必须是近 3 年出版的教学科研类图书,每人每次限借 3 册,详细列举了工具书、多卷书、大型文献、光盘、考试用书、乐谱等近 30 种不能购买借阅的图书类型。

(2)电子科技大学图书馆的“芸阅读”服务[30]

该服务于 2017 年 5 月开通,采用的平台和山东大学图书馆相同,不同之处在于本服务由电子科技大学图书馆负责运费(无山东大学图书馆满 58 元免运费的限制),事先在提供图书列表时已经进行了选择,用户选择的时候不再受图书单价和图书类型的限制。

(3)杭州图书馆的“悦借”服务

该服务项目[44]是杭州图书馆 2016 年底推出的,用户可以在通过杭州图书馆微信公众号、文献借阅中心微信公众号和支付宝芝麻信用在“悦借平台”在线选择图书后提交订单,图书馆通过文献物流快递给读者。在线借阅需支付快递费 3 元(1—3 册图书),每增加 1 册再支付 1 元,以此类推。“悦借”服务对图书类型进行了限定,比如 16 岁以下读者只可借阅少儿图书,单册价格不能高于 300 元,教辅教材类、产品目录标准类、成套类或不宜二次借阅(如书法描红、折纸、上色、制作等)的图书不能购借。用户通过悦借平台还可以提交还书申请后享受上门还书服务。“悦借”服务得到了用户广泛认可,据报道,每天通过“悦借”购借的图书约 130 单 500 余册[45]。

参考文献:

[1] 史丽香. 纸本图书 PDA:境外图书馆的实践及其启示[J]. 图书馆杂志,2013(11):83-87.

[2] 张甲,胡小菁. PDA——读者决策采购[J]. 中国图书馆学报,2011(2):50.

[3] TRUESWELL R L. Some Behavioral Patterns of Library Users: The 80/20 rule [J]. Wilson Library Bulletin,1969(5):458-461.

[4] 刘华.“读者决策采购”在美国大学图书馆的实践及其对我国的启示[J]. 大学图书馆学报,2012(1):45-50.

[5] 陈蕾. 我国高校引入 PDA 模式的必要性研究[J]. 科技视界,2015(30):226-227.

[6] ROSA C D, CANTRELL J, CARLSON M, et al. Perceptions of Libraries, 2010: Context and Community. [2012-04-22]. http://www. oclc. org/reports/2010perceptions/2010 perceptions_all. pdf.

[7] 董涛,张静,张茵.“读者决策驱动”(PDA)应用视阈下的图书馆角色重申与转型[J]. 图书馆,2014(6):110-112.

[8] 卞丽芳,袁润,王正兴. PDA(Patron Driven Acquisitions)辨析[J]. 中国图书馆学报,2012(5):109-114.

[9] 赖群. PDA 模式及其在我国高校图书馆的应用环境分析[J]. 河南图书馆学刊,2013(7):95-97.

[10] 樊国萍. 读者决策采购——用户需求驱动的文献资源建设模式[J]. 大学图书馆学报,2012(6):57-61,82.

[11] 孙书霞,彭艳. 美国大学图书馆“读者决策采购”的实践及启示[J]. 图书与情报,2012(4):98-102.

[12] SCHROEDER R. When Patrons Call The Shots: Patron-Driven acquisition at Brigham Young University[J]. Collection Building,2012,31(1):11-14.

[13] 王凤满. 三种电子书 PDA 模式影响研究——以香港科技大学图书馆为例

[J]. 现代情报,2016(12):85－89.

[14] 张丹,肖平. 读者驱动采购(PDA)实施过程中相关争议问题的思考[J]. 图书馆杂志,2012(7):24－27.

[15] HERLIHY C S, Yi H. E-Books in Academic Libraries: How Does Currency Affect Usage? [J]. New Library World ,2010,111(9/10): 371－380.

[16] HAMILTON M J. Patron-Initiated Collection Development: Progress of a Paradigm Shift[J]. Collection Management,2011,35 (3－4):208－221.

[17] ACRL. Research Planning and Review Committee. 2010 Top Ten Trends In Academic Libraries [EB/OL]. [2012－04－08]. http: //crln. acrl. org/content/71/6/286. short.

[18] MOSEMAN H. Using ILL Requests As PDA: How Indiana State University Purchases Material Requested Through ILL[C/OL]. [2018－02－26]. http://library. indstate. edu/ovgtsl/presentations/ILL-PDA. pdf.

[19] ANDERSON K J, FREEMAN R S, HÉRUBEL J P V M, et al. Liberal Arts Books on Demand: A Decade of Patron Driven Collection Development, Part 1[J]. Collection Management,2010,35(3－4): 125－141.

[20] Cornell University Library. Buy or Borrow[EB/OL]. [2016－07－15]. http://ecommons. cornell. edu/bitstream/1813/12349/1/COL_2007－03－07Buy_or_Borrow. pdf.

[21] 胡振宁. 图书馆联盟电子书 PDA 模式及关键问题分析[J]. 中国图书馆学报,2016(4):75－87.

[22] 廖利香. 国外大学图书馆电子书 PDA 模式研究[J]. 四川图书馆学报,2015(2):98－100.

[23] 张佶烨,贾苹. 社科院图书馆首次将 PDA 模式引入中国[EB/OL]. [2018－01－15]. http://www. cssn. cn/sjxz/gzdt/zxdt/201501/t20150123_1490645. shtml.

[24] 吴雪芝,钟文娟,朱红. PDA(Patron Driven Acquisitions) 离国内大学图书馆还有多远? [J]. 图书馆学研究,2013(20):50－55.

[25] 内蒙古图书馆"彩云服务":你选书我买单[EB/OL]. [2018－01－15]. http://

news. idoican. com. cn/zgwenhuab/html/2015 – 06/29/content_5493646. htm.

[26] 杭图新年推出“悦读”服务计划[EB/OL]. [2018 – 01 – 15]. http://www. hangzhou. gov. cn/art/2015/12/30/art_812270_333350. html.

[27] 绍兴:你看书我买单　新书借回家[EB/OL]. [2018 – 01 – 15]. http://zj. people. com. cn/n/2015/0424/c370856-24623182. html.

[28] 湖南大学图书馆隆重推出创新服务第二波——“书非借—读者荐购闪借服务”[EB/OL]. [2018 – 01 – 15]. http://lib. hnu. cn/index. php? m = content &c = index&a = show&catid = 1085&id = 2499&siteid = 10.

[29] 山东大学图书馆关于“捷阅通”服务试运行的通知[EB/OL]. [2018 – 01 – 15]. http://www. lib. sdu. edu. cn/portal/tpl/home/news? id = 1081.

[30] 图书馆全新开启足不出户图书借购新服务[EB/OL]. [2018 – 01 – 15]. http://www. lib. uestc. edu. cn/news? id = 1606.

[31] 全国首家线上版“你选书我买单”平台上线 杭州大学生足不出户可享云借书服务[EB/OL]. [2018 – 01 – 15]. http://www. zjcb. com/shownews. php? pid = 6040.

[32] 读者书店“借书”　图书馆即时结账[EB/OL]. [2018 – 01 – 15]. http://culture. workercn. cn/47/201512/14/151214065157917. shtml.

[33] 彩云服务——我阅读、你买单,我的图书馆、我做主[EB/OL]. [2018 – 01 – 15]. http://www. nmgwh. gov. cn/ggfw/gg/201605/t20160526_144429. html.

[34] 内蒙古图书馆“彩云服务”获美国图书馆主席国际创新奖[EB/OL]. [2018 – 01 – 15]. http://nm. people. com. cn/n2/2016/0628/c196697 – 28579741. htm.

[35] 彩云服务借购流[EB/OL]. [2018 – 01 – 15]. http://www. nmglib. com/ntzt/cyfwjh/sdjs/.

[36] 王晴,赖永忠. 内蒙古图书馆“彩云服务”项目分析与思考[J]. 公共图书馆, 2016(2):47 – 52.

[37] “捷阅通”(线下)图书借阅规则[EB/OL]. [2018 – 01 – 15]. http://www. lib. sdu. edu. cn/portal/tpl/home/news? id = 1082.

[38] 郑君平. 开辟公共图书馆多维度空间:采书乐坊的实验意义[J]. 图书馆论坛,2015(10):62 – 67.

[39] 安艳梅,周杰华."图书馆+书店"融合服务模式比较研究[J].图书与情报,2017(2):97-102.

[40] 张彦静.我国图书馆读者自主采购的探索与思考:以佛山市图书馆"新书借阅处"为例[J].图书馆学研究,2013(15):54-58,76.

[41] 徐玲.读者自主选购的高校图书馆采购实践及启示——以东北石油大学图书馆"新书借阅室"服务为例[J].河南图书馆学刊,2016(9):22-24.

[42] 祝雨婷,李露芳.浅议"互联网+"环境下 PDA 在图书馆文献资源建设中的设计与应用:以杭州图书馆"悦读"服务计划为例[J].农业图书情报学刊,2017(2):39-41.

[43] "捷阅通"(线上)图书借阅规则[EB/OL].[2018-01-15].http://www.lib.sdu.edu.cn/portal/tpl/home/news? id=1092.

[44] 杭州图书馆借阅服务规则[EB/OL].[2018-01-15].http://www.hzlib.net/dzfwjyfw.htm.

[45] 杭州图书馆推出在线"悦借"服务[EB/OL].[2018-01-15].http://bbs1.people.com.cn/post/129/1/0/160027369.html.

第五章　馆藏建设决策支持中的用户数据

第一节　馆藏建设需要的用户数据

一、图书馆用户数据

所谓图书馆用户数据，是图书馆在物理空间和虚拟网络空间与用户交互活动中产生及关联的各种数据。作为一个信息服务机构，图书馆每天都在大量地与各类用户进行交互，从传统的图书馆借还书记录、图书期刊报纸的阅览记录、各类型咨询服务记录及各类问卷调查数据，到后来网络环境下产生的网站或数据库登录、资源浏览检索下载、咨询系统中咨询记录，再到用户使用图书馆座位、研究间等物理空间使用数据，还有社交网络环境下用户与图书馆之间的交流数据，比如用户在图书馆微信公众号、微博等的交互记录，再比如用户采用“点赞”“转发”“收藏”等交互行为记录数据。

1. 用户数据的分类

根据数据类型，相关研究将用户数据大致分为用户身份类数据、用户需求类数据、用户行为类数据、用户反馈类数据[1]。但是在具体图书馆实践中，用户需求类数据和用户反馈类数据获取的途径大体相同，虽然反馈类数据更多的是以意见和建议等形式出现，但其体现的更多的也是一种需求，故这里将这两类用户合并为用户需求及反馈数据一类。

(1)用户身份类数据

用户身份类数据是指用于表明用户身份的数据，比如姓名、性别、年龄、单位、学科、专业、身份、联系方式等信息，其中在馆藏建设中所需要的“身份信息”是更多的是指用户图书馆权限使用方面的身份，比如社会用户还是校园用户，是本科生、研究生还是教师，相关身份依据需要仍可以继续细化，比如根据需要将教师细分为知名学者、资深教授、骨干教师和青年教师等。这些数据，是相对静态的数据，短期内不会有太大的变化，可以通过系统用户注册表、问卷调查表、需求登记表、访谈记录表等途径获得。在馆藏建设中，用户姓名、联系方式这样特指性很强，也没有统计学意义的用户信息，保存和使用场景不多，只有在该用户向图书馆推荐资源并需要回复或答复时才有需要。因此，绝大多数情况下这类信息涉及用户隐私，不必获取和保存。

(2)用户行为数据

图书馆用户行为数据是指用户在使用图书馆过程中的信息行为和活动数据，既包括用户使用物理空间时的数据，比如进馆门禁数据、各阅览室的出入记录、研究间和座位使用记录、纸质资源的借阅记录等；也包括用户使用电子资源、图书馆网站、图书馆微信微博、网络论坛专区、参考咨询系统等虚拟空间和资源的使用记录及“点赞、踩、转载、收藏、评价”等资源服务的评价记录。馆藏建设中涉及的用户行为数据则是指用户在使用图书馆资源过程中的信息行为数据。这些数据主要是用户在使用图书馆纸质资源、电子资源、数字资源、虚拟资源以及各类音视频资源、研究数据等资源时留下的记录数据。用户行为数据主要来源于各类系统对用户使用记录的日志信息及相关统计模块所记录的行为数据记录，比如图书馆集成管理系统中用户图书借阅记录、预约记录、图书馆网络服务器访问记录、图书馆代理服务器日志记录、图书馆浏览器日志记录、第三方资源提供商资源、提供网站的用户日志记录、各类咨询系统中的交互记录等。另外，用户的一些作品或研究成果的引文也能反映出用户利用信息的行为习惯倾向。用户行为数据是动态数据，随时随地都可能发生变化，但是因为用户使用图书馆是自发行为,目的性也很强,因此是图书馆用户数据中最丰富、最有客观分析价值的数据。同时,因为这些数据动态变化、很多利用行为稍纵即逝,相当多的数据又是非结构化数据,不同系统记录的标准也不同,因此这部分数据又是最复杂、捕获处理挖掘最耗时间精力的数据。

(3)用户需求及反馈类数据

用户需求及反馈类数据是指用于在与图书馆交互过程中,以电子邮件、电话、到馆、微信、微博、BBS 等传统模式及新媒体环境下各种渠道明确表达的需求信息和正负向反馈信息,也包括用户在与图书馆之外机构或个人交互过程明确表达并能被图书馆所获取的需求信息和反馈信息。馆藏建设中用户需求类数据是在上述交互过程产生的用户对图书馆馆藏建设相关的需求和反馈,比如想要订购的图书或者数据库。用户在馆际互借和文献传递系统中提交对特定文献的需求也属于此类用户需求类数据。这类数据主要来源于图书馆荐购系统中用户的推荐记录、纸质或电子版资源推荐表、电话邮件以及社交媒体环境下用户相关需求和反馈信息、图书馆召开的用户座谈会、用户通过其他渠道(比如高校图书馆服务母体机构的各类代表大会)提交的需求和意见等。需要说明的是,这里的数据既包括表达明确的需求,比如要图书馆采购某种图书或数据库或电子书等,也可能是表达不明确、比较模糊的需求,比如某个学科资源、新资源等,有些模糊需求还需要二次或更多次沟通才能变成明确的需求,也有些模糊需求数据需要跟用户身份信息相结合才能明确,相关数据就需要进行关联分析才能转变成更有价值的数据。

2. 图书馆用户数据的特点

进入新世纪以来,图书馆借助于各类自动化设备和系统,在资源利用、用户服务、馆舍运维等方面产生并较为细致完整地保存了大量的用户数据,而且随着图书馆管理和服务的精细化发展,这类数据日益增多，每个图书馆实际上也都变成了一定量级的“数据仓库”。纵观这个“数据仓库”，大体可以看出图书馆用户数据如下一些特点：

(1)用户数据的强目的指向和高参考性

作为用户众多信息源中的一个，图书馆提供的信息大都经过了同行评议、编辑数次审校并经过比较严格的审核，信息总体质量很高。用户对图书馆信息资源的使用虽然不排除个别有娱乐性的目的，但多数情况下，尤其是高校图书馆，更多的还是具有较强的学习或研究倾向。也正因此，用户对图书馆的利用往往是自发性行为而不带有强制性的意味，用户利用图书馆目的性很强，强目的性下的用户行为能够较为客观直接地反映用户需求，具有很强的参考价值，这都为图书馆依据用户行为数据打造用户需要的馆藏资源提供了强有力的支持。

(2)用户数据分散性和复杂性

随着各项业务深入发展的需要，高校图书馆自主开发和引进了较多的管理系统平台，粗略梳理就有图书馆集成管理系统平台、特色数据库建设平台、图书馆门禁系统平台、移动图书馆服务平台、数字资源门户管理服务平台、资源发现系统平台、新媒体服务平台等10余种，而且部分种类的平台还有多个，其中最典型的就是特色数据库建设平台，几乎每类数据库就有一个平台，比如有教学参考书平台、机构库平台、学位论文系统平台(部分高校学位论文系统本科生和研究生就有两个不同的平台)，部分馆的资源发现平台还有中文发现平台和英文发现平台之分，再加上个图书馆购买的少则几十，多则数百的商业数据库，用户数据广泛存在于数十个甚至上百个不同的平台上。数据使用需要将这些数据进行整合，但是由于不同平台建成的时间有早晚，再加上目前尚无统一的用户数据标准，各平台采取的相关数据标准也有较大的区别，这也增加了用户数据捕获、管理和利用的难度。另外，这些已经获得数据中有相当量的数据都是半结构化和非结构化的，处理起来也比较复杂。

二、馆藏建设获取用户数据的意义和目的

图书馆馆藏建设本是图书馆员的本职工作，但正像本书前面反复提及的那样，由于馆员知识面和能力方面的限制，无法深入判断所购资源的价值，很难跟用户真正的需求做较好的匹配，也就造成了馆员决策馆藏的利用率比较低，因此，近些年来出现大量的用户需求驱动的馆藏建设，而其最基本要做的工作就是获取用户的需求，而用户的需求主要来自于图书馆的各类用户行为数据。图书馆用户行为数据的获取、分析和挖掘是实现图书馆个性化服务的重要基础、条件和保障，也是建设用户高质量馆藏、提高馆藏利用率以及馆藏投入产出高性价比的重要保障。

在商业领域，用户数据分析的目标主要有降低成本、增加收入和优化体验三个方面[2]，这里的降低成本和增加收入，归根结底就是提高投入产出比，而优化体验客观的最终目标实际上也是降低成本和增加收入。对于非商业的图书馆行业来说，在其馆藏建设中进行用户数据分析的根本目标也是实现馆藏投入产出比的最大化，只是这里的投入产出需要从馆藏建设目标上去考虑，即投入的经费对于馆藏建设目标满足的程度。图书馆馆藏建设目标主要从两个角度考虑：一个是从馆藏用户利用角度考虑，用户利用率越高，用户满意度越高，则投入产出比越高；另一个角度从是馆藏建设完整性、特色上考虑，投入较少的成本能够建设完善的馆藏。不过，从馆藏完整性角度去判断，涉及的因素比较复杂，也与本章内容关系不大，故这里不再详细展开讨论，这里只从用户使用角度考虑。

一般来说，用户对图书馆馆藏使用满意度主要来源于：①馆藏的全面性。即，用户自己需要的资源馆藏中是否都已经涵盖，因为用户需求既有个性，又有共性，共性馆藏建设越多，从用户角度来看，馆藏越全面，用户满意度也越高。②馆藏的可用性。即，用户能否顺利使

用这些资源，比如，对于纸质馆藏和有复本限制的电子馆藏，如果复本量不够，即使馆藏包含了用户所需要的资源，用户也无法使用。但是复本量也不是越多越好，也要受经费控制和馆藏空间等因素的影响，科学、合理的复本量非常有必要。③馆藏的新颖性。即，不同类型的用户对馆藏的新颖性的要求不同，虽然很多学科的用户都有对馆藏新文献的强烈需求，但也有部分学科，比如文史类学科，对于陈旧文献情有独钟。随着馆藏空间的调整和管理，图书馆经常也会利用文献剔旧的方法来减缓压力，如何剔旧，如何保证学科馆藏的新颖性等，都需要借助于用户数据来分析。④馆藏使用系统用户体验情况。不管是纸质图书的目录系统，还是电子资源的发现系统，抑或是校外电子资源访问系统等其他系统，用户使用体验效果将决定着用户是否开启第一次使用，开启后的使用是否长久等。

结合用户对馆藏服务满意度的分析，馆藏建设中用户数据分析的目的主要有：

（1）获取用户馆藏建设需求。通过这部分用户数据的获取与分析，图书馆要尽可能全面地掌握用户对于资源的需求，并经过进一步的数据统计和分析，获得用户中较为普遍的资源需求线索，通过购买相当比例用户所需的资源来满足用户的需求。对于采购成本不高的资源，图书馆甚至不需要考虑普遍需求，在建设经费较为充足的情况下，完全可以依据用户的个性化需求来购买资源，实现馆藏建设用户需求驱动，即上一章重点讨论的 PDA、DDA 等用户需求驱动的馆藏建设模式。

（2）获取用户馆藏使用的行为规律。通过这部分用户数据的获取与分析，图书馆通过用户画像等途径，分层分类的尽可能精细化了解用户的馆藏利用行为，比如用户对资源类型（图书、期刊、报纸、学位论文、音视频资源等）的偏好、用户对资源新旧的偏好、用户对资源存在形式（数字资源或印本资源）的偏好、用户对资源获取效率（即时性需求满足还是延迟性需求满足，延迟性需求多长时间是用户最喜欢的，多长时间是用户可以接受的，多长时间是用户可以容忍的，多长时间是用户不能容忍）的偏好等。用户馆藏使用行为规律的发掘是用户需求挖掘的深化，以便于在没有获得用户需求的情况下，通过行为规律的发掘较为科学地预测用户即将有的需求，并以此为重要参考依据进行馆藏资源建设，以满足用户的需求。

（3）获取用户馆藏应用系统的使用行为规律。这部分用户数据的获取与分析，主要解决图书馆系统用户体验优化的问题。馆藏建设最终目的是为了使用，不管印本资源，还是数字资源，在当前的信息环境下，都需要借助于相关系统来帮助实现，不管是馆藏目录查询系统、跨库检索系统、资源发现系统，还是各类数字资源提供服务的特定系统，系统用户体验好坏直接影响到用户使用效果乃至使用意愿，最终决定馆藏使用率。图书馆通过对这些系统用户使用数据的获取与分析，借助于系统日志或者用户使用统计或者是用户使用监控系统，获取用户使用系统轨迹，通过年龄、性别、学科、专业、身份等途径分类尽可能详细地了解用户相关行为规律，通过完善和改造这些系统，提高用户资源利用率和满意率。

（4）完善馆藏建设的策略。在现有图书馆馆藏建设实践中，图书馆大都制定了很多图书馆馆藏建设相关的规章制度，比如印本资源或电子书（有复本采购要求）的馆藏复本、馆藏学科结构、馆藏剔旧政策、经费分配政策等，有些图书馆在外文图书采购中还要求必须由学科专家或院系用户选划的图书才可以选购之类的政策。这些政策更多的是从馆藏建设管理角度做出的，是否科学还需要借助于用户使用数据进行验证。比如通过对馆藏图书预约数据的分析，了解图书的预约率、预约等待时间等，可以知道现有复本政策对于该类图书是否合适[3]，是否有修改完善的空间。再比如，通过对不同学科用户使用图书出版年数据的分析，可以大体了解不同学科资源的半衰期以及全部过时的大体时间，这些对于图书馆调整一、二线图书服务的年限（一些图书馆以图书的出版年为依据设定哪些图书需要转到密集架等二线书库，哪些在一线书库对外提供服务）提供更为科学的依据，也为资源剔旧[4]和停订[5—6]提供依据。也有些图书馆通过借阅记录评估不同学科用户荐购图书和馆员订购图书的利用效果，改变了原来学科图书完全依据用户荐购建设策略，而对不同学科采用了差别化的学科馆藏建设策略[7]。

三、馆藏建设用户数据的范围和内容

从总的数据来源来看，馆藏建设所需要的用户数据大体可以分为内部渠道数据和外部渠道数据两大类。

1. 内部渠道数据

内部渠道数据是指从图书馆馆内已有系统和相关渠道可以获取的数据。这些数据的所有权是图书馆，图书馆可以看到原始数据并可以对这些数据实现自主管理，数据存在的形式有可能是电子的，也有可能纸质的，可以是系统日志、统计数据、各类表单，也可以是用户调查问卷数据，但主要存在于馆内的各类系统中。

（1）印本资源建设相关数据。在诸多系统中，印本资源相关的用户数据最主要来自于图书馆集成管理系统和馆际互借与文献传递系统。图书馆集成管理系统记录了印本资源从采访入馆到流通使用和剔旧淘汰的全过程，包含了大量的用户数据，这其中最主要的又是存在系统中的用户个人信息数据、书刊借阅数据、书刊续借数据和预约数据以及阅览数据以及用户资源荐购数据等。当然针对印本馆藏的荐购相关需求数据，有些图书馆并不存在于集成管理系统里，有可能是有单独的荐购表单系统或者其他荐购系统，也有可能只是相关纸质表单或者只是邮件中的需求描述，这些都是印本馆藏建设中需要考虑的用户数据。当然，这些数据除了荐购数据之外，由于相关数据是针对已有资源使用相关,因此基本上都是用户行为数据或者可以辅助馆藏建设管理和决策的数据。馆际互借和文献传递系统所包含的用户提交数据则是指向性非常强的用户需求数据,因为系统中涉及的资源是图书馆馆藏中没有但用户急需的,采购相关资源就可以直接提供给用户使用,避免了资源购买后“无人使用”的情况,可以大大提高用户对图书馆的满意度。也正因此,国外用户需求驱动的馆藏建设模式PDA最初就是从馆际互借系统的相关数据开始的,这也是PDA在印本资源建设中采用最为普遍的建设模式。

(2)数字资源建设相关的数据。针对数字资源建设的相关的数据,除个别以邮件、荐购单、需求单等出现的直接需求类数据外,主要就是用户行为类数据,包括用户登录、检索、浏览、借阅、下载、保存、复制、打印等一般性的信息行为,也包括“赞”、“踩”、转发、收藏、评论等社交媒体环境下产生的各种信息行为,主要保存于图书馆自己建设或维护的数据库及平台中。由于数字资源所涉及系统比较多,既包括数字资源门户管理服务平台、数据库跨库检索平台、资源发现系统这样的以管理多个资源库为目标的数字资源系统,也包括特色数据库平台、在本地有镜像和管理软件的商业数据库或者购买的本地安装版数据库平台,近些年还出现了专门用于跨平台记录用户使用情况的数字资源统计分析平台[8]。这些平台上存在大量的用户使用数据,可用于挖掘用户资源使用习惯和系统使用习惯以及内部渠道的用户数据,虽然涉及平台多,数据标准和日志格式也不太相同,但是由于相关数据对于图书馆的数据管理员或者系统管理员来讲是相对透明,可以较为自主的获取和分析相关数据。在讨论用户系统使用习惯规律时,还需要对基于资源第三方使用系统调用相关的系统使用数据包含在内,比如微信图书馆和移动图书馆平台,这两个平台实质上并没有自己的资源数据,只是利用用户手机端就可以实现对馆藏目录查询系统、资源发现系统等调用,但是在新媒体日益发达的今天,却能充分体现用户的行为习惯，相关数据对于提高系统的优化体验也颇具有参考价值。

2. 外部渠道数据

外部渠道数据是从图书馆之外的机构、渠道或个人获得的用户数据，这部分数据不存在于图书馆的服务器，图书馆对这些数据不具有拥有权，需要主动有意识的寻找和获取，大部分数据二次处理和加工的工作量较大。外部渠道数据直接反映用户身份和需求的数据并不多，更多的是应用于用户资源使用行为和系统使用行为规律的挖掘。馆藏建设中所需要的用户数据主要来自于图书馆已经购买电子数据库所保存的用户利用数据，这些数据规范性较弱，除支持COUNTER标准的数据库可提供符合标准的用户数据外，其他数据库提供的用户数据标准化较弱，单独使用这些数据有一定的难度。即便是支持COUNTER标准的电子数据库，因为COUNTER标准有不同版本且不同版本之间也有较大的变化，而电子数据库所支持的COUNTER标准的版本不同，集中进行数据统计分析有一定的困难，这也是跨平台统计分析电子资源平台利用软件的采用相同标准去统计分析的重要原因。除了这些来自于外部数据库的数据之外，借助于用户研究成果的引文（参考文献）分析不同学科用户的文献利用行为方面的规律，比如文献引用偏好、类型偏好、出版时间偏好、语种偏好、文献引用半衰期等，这不管是馆藏建设，还是基于馆藏的有针对性的服务，都具有很高的参考价值。也有个别用户会将对图书馆馆藏建设的相关需求（含意见或建议）发布在BBS等传统网络媒体以及微博、微信等新媒体上，这些数据大部分存在图书馆官方微博、微信或BBS的图书馆相关版块中，因为数据存放在第三方系统中，获取和统计分析也有一定困难，还有部分数据存在于非图书馆版块中，用户相关数据获取难度更大一些。

四、用户数据获取分析的机遇与挑战

1. 存在的机遇

(1)Web 2.0 及 Lib 2.0 的发展为用户数据获取分析培养了馆员的相关理念。虽然“以用户为中心”一直是图书馆服务的核心理念之一,“读者至上”“想读者之所想,急读者之所急”“用户是图书馆上帝”等内容也经常出现在图书馆各类宣传标语中,但是图书馆在相当长的时间内囿于技术设备条件,对用户的关注和研究只停留在各类问卷调查、座谈、访谈、填写需求表等方式,而且这些方式主要关注的是图书馆服务,对用户的关注是不够的,用户的参与途径也非常有限。在图书馆及馆员眼里,图书馆馆藏建设是图书馆员的事情,用户只要接受图书馆所采购的资源和服务就可以了,如果用户有其他需要,需要将资源需求提交给馆员,馆员决定是否购买。随着信息技术的发展,尤其是 Web 2.0 以及后来 Lib 2.0 理念的普及以及其他行业因重视用户参与而带来的高收益回报的“利益”刺激,加之图书馆在用户信息环境中逐渐边缘化的“危机”触动,图书馆及图书馆员已经从理念上深刻理解用户及用户参与,近些年来也产生了大量用户参与图书馆馆藏建设实践,也与亚马逊、Google 等商业公司学习给用户参与提供更加方便的技术支持,这都有利于图书馆在馆藏建设中用户数据收集和分析相关工作的开展。

(2)图书馆管理自动化及数字资源的发展积累了大量用户数据。在纸质卡片借阅时代,用户对图书馆资源的利用,主要依靠纸质卡片记录,所有馆藏也存在于纸质卡片目录中,图书馆很难利用纸质卡片目录所记录的数据进行大规模的用户数据研究分析。随着图书馆各类集成管理系统及其他数字资源管理平台的引入和长期发展,用户使用图书馆的数据被计算机记录下来,用户提交给图书馆的需求被记录下来,用户在图书馆网站及各个资源数据库的使用行为也被服务器以日志的形式记录下来，而且伴随着图书馆管理和服务的精细化发展及自动化设备、系统的增加和完善，这些数据仍在急剧增加，这些都为图书馆获取和使用这些数据提供数据基础。

(3)大数据理念和方法的普及奠定了用户数据分析的方法论基础。图书馆作为对外提供信息服务的机构，借助于问卷调查、日志分析等方法进行用户研究以改善服务和优化决策，长期以来也一直都是图书情报领域重要的研究内容，积累了丰富的方法层面的经验。随着近十年“大数据”的理念和方法逐渐普及，数据分析的相关技术、工具和方法也在被越来越多的人掌握。近年来，图书馆在实践领域的发展显示，越来越多的图书馆对于“大数据”也投入了很多精力，这些图书馆在微信公众号或网站上公布图书馆年度运行的大数据，部分图书馆还在图书馆大厅设置展示屏实时显示图书馆的运行状态，这些数据的获取、分析和整理过程为馆藏建设中用户数据的获取分析进一步积累了经验。这也都为图书馆获取和分析这些数据提供了技术方法方面的保障。

2. 面临挑战

图书馆用户数据复杂性带来的挑战。前文提及的图书馆近年来自主开发和引进了较多的管理系统平台，相关平台的数量少则十余种，多则数十种，算上所购买的商业数据库，有的图书馆平台数量高达上百种。这些平台长时间并存且相互独立，虽然借助于跨库检索系统平台和资源发现平台对不同平台的数据进行一定程度的整合，但效果一直不够理想：①部分平台比较封闭，不提供对外的数据接口，甚至部分平台其中数据无法实现导出或不提供数据共享，跨库检索和资源发现涵盖的平台数量还非常有限。②跨库检索系统平台和资源发现平台只对各平台中的资源数据进行了整合，并未包含用户及其利用数据。③各个平台读者利用数据的标准不够统一的问题。各数据库平台虽对用户利用数据都有记录，但采用标准不同，采用的指标即使是同样的指标名称所代表的含义都有可能不同，登录量、检索量、下载量、浏览量这些关键指标各平台处理策略并不相同，检索量和下载量有些平台使用的次数，有些使用的字节数，不同平台之间统一比较困难。此外，还有一些自建的平台尚无完整的用户利用的统计数据，无法纳入到图书馆整个数据仓库中去。④大多数图书馆的业务统计数据尚未有平台，还基本停留在 Excel 和 Word 表格等非结构化原始统计表单的状态。如此复杂的用户数据状况为图书馆数据分析带来了不小的挑战。

图书馆人力资源储备方面的挑战。对于图书馆这个机构而言，长期以来对于数据统计相关的人才储备不足[9]，不管是图书情报学专业出身的馆员，还是具有其他学科背景的或具有数据统计分析学科背景的馆员都不多，国内图书馆所做的数据统计更多是为完成某些渠道所需的统计报表任务。虽然今年很多图书馆都在推出年度数据报告、微信年终大数据报告、阅读报告等，相关调研显示：图书馆数据统计的目的主要是证明自己所做的工作，而较少用于具体的服务决策[10]。图书馆在数据整合管理方面比较擅长，但在数据分析、数据解释、数据使用与复用方面能力表现欠佳[7]。馆员是图书馆开展一切工作的基础，人才储备的缺失造成当前相关工作的开展不是特别顺利。幸运的是，图书馆已经认识到这个问题，国内关于数据馆员的培训每年都要举办好多场，一些图书馆已经开始招聘数据馆员；国外图书馆近年开始专门设立数据分析馆员岗位，专门招聘数据分析馆员，通过 Google 查询可知仅 2017 年就有美国的密歇根大学、西北大学、圣地亚哥大学，新加坡管理大学等 10 所高校招聘数据分析馆员。相信，随着相关人力资源储备的增多，相关工作开展和推动会越来越顺利。

第二节　用户数据的获取和分析

一、用户数据分析的一般流程

不管用户数据如何漂亮，只有经过细致的数据分析才能将零散的用户数据演变成可以支持决策的方案。所谓数据分析是指用适当的统计方法对收集来的大量第一手资料和第二手资料进行分析，以求最大化地开发数据资料的功能，发挥数据的作用，是为了提取有用信息和形成结论而对数据加以详细研究和概括总结的过程[11]。因此，具体地说，图书馆馆藏建设用户数据分析就是为了更加准确地把握图书馆用户的文献资源需求和使用习惯，提升馆藏的使用效率和用户对图书馆馆藏建设工作满意度，使用适当的统计方法对从各个渠道收集来的用户数据加以详细研究和概括总结的过程。结合数据分析相关实践，图书馆馆藏建设中用户数据分析大体遵循问题定义、数据获取、数据预处理、数据分析、数据展现、制定分析报告或执行策略这样 6 个步骤组成的数据分析一般流程。

1. 问题定义

问题定义阶段要确定本次用户数据收集和分析的目的，即要确定解决的问题以及预想得到的假设结论。问题定义阶段是数据分析的最为基础和关键的一环，要解决问题的清晰程度在一定程度上决定了整个数据分析项目的成败和效率。是否能够准确定义问题，一般取决于相关馆员已有的经验和知识，可以结合 5W1H（即 Who，When，Where，What，Why 和 How）的思路去思考。如果感觉问题界定有困难，就需要相关馆员深入了解相关业务的核心知识和实践现状，梳理相关问题。必要的话，可以采取小规模实验的形式进行问题探索和验证。

2. 数据获取

数据获取阶段需要根据界定的要解决问题,有目的地收集和获取所需要的用户数据。数据获取要么从已有数据库中直接导出已有相关数据,要么从公开的渠道获取已有的数据,要么就是采取问卷调查、座谈会、访谈、行为跟踪、网络数据抓取等途径从源头上产生和获取相关用户数据。馆藏建设中用户数据获取阶段,首先可以请馆藏建设的业务人员和技术人员一起对用户数据的来源进行较为细致的分析,并对这些数据来源的数据获取方法、可能会遇到的问题及解决策略进行讨论,确定具体的数据获取方法和策略。

3. 数据预处理

因为数据统计分析的需求五花八门,已有的数据不可能完全与需要相匹配,而且已有数据中还存在较多的不完整、不一致的脏数据,从而造成无法直接进行数据分析的情况。因此,对于已经收集到的数据必须进行加工、整理,才便于后续的数据分析,这是数据分析前必不可少的阶段,也是整个过程最占时间的阶段。在这个阶段中,可以采用数据清理、数据集成、数据变换、数据归约等方法把影响分析的数据处理好,要特别注意对残缺数据的处理,是直接删除,还是用临近值或其他值去补全,需要重点分析,必要的话还要进行相关实验。

4. 数据分析

数据分析阶段是整个数据分析流程最为关键的步骤,需要利用必要分析手段、方法和技巧对预处理好的数据进行探索和分析,从中发现因果关系、内部联系和业务规律,为馆藏建设提供参考。这个阶段,要想顺利完成数据分析的工作,就要采用合适的工具和方法,需要对方差、回归、因子、聚类、分类、时间序列的方法进行比较深入的了解,最好清楚这些方法的基本原理、适用范围、优缺点等。分析时应切忌滥用和误用统计分析方法。选择几种统计分析方法对数据进行探索性的反复分析也是非常重要的,每一种统计分析方法都有自己的特点和局限,一般需要选择几种方法反复印证分析。当然,数据分析还需要借助于相关的数据分析工具来协助完成,这些工具可以是通用的数据分析工具,比如 Excel,也可以使用诸如 SPSS/SASR/MATLAB 这样专业的数据分析工具,也可以使用诸如 Library Cube、Numbers 之类的图书馆专用分析工具。

5. 数据展现

数据展现阶段是数据分析工作整个流程中的"锦上添花"阶段,将数据分析的结果使用图表方式呈现,比单纯文字呈现更形象、更直观。这个阶段不是数据分析的必备阶段,如果特定解决问题特殊需求下数据分析不需要用图表标识,也可以不经过这个阶段。数据展现阶段常用的图表包括饼图、折线图、柱形图、条形图、散点图、雷达图、金字塔图、矩阵图、漏斗图、帕雷托图等,这些借助于 Excel 这样的普通工具就可以实现,如果利用专业的数据可视化工具,呈现方式则更为丰富。

6. 制定报告或执行策略

制定报告或执行策略是数据分析流程的最后一个阶段,不仅要将分析结果直接呈现,也需要将整个数据分析目的、过程、结果完整的呈现出来。一份好的报告,需要有一个好的分析框架,结构清晰、主次分明,并且图文并茂,这些可以使数据更加生动活泼,提高视觉冲击力,有助于阅读者更形象、直观地看清楚问题和结论。有些数据分析最后要求的不只是研究报告,而是在研究报告基础上结合图书馆工作实践提出具体操作可行的执行策略。

二、用户数据主要获取途径

从数据结构来看,图书馆数据主要可以分为结构化数据、半结构化数据和非结构化数据三大类[12]。用户数据也可以这么划分,不同数据结构的数据分别来自于不同的渠道,也就决定了其获取渠道有着较大的不同。

1. 结构化用户数据的获取

结构化数据是指可以使用关系型数据库表示和存储，表现为二维形式的数据，一般以行为单位，一行数据表示一个实体的信息，每一行数据的属性是相同的。结构化数据的存储和排列非常有规律，非常便于检索、浏览。需要说明的是，这里的结构化数据并不一定都存储在关系数据库中，存储在 Excel 中的二维用户数据也可以认为结构化数据，用户填写规范的纸质表单也属于结构化的用户数据。图书馆的用户数据相当多的都是结构化数据，包括用户在图书馆系统中登记或者图书馆从其他机构系统直接导入的诸如姓名、性别、专业、年龄、专业、院系等个人信息，以及用户利用图书馆集成管理系统实现并被系统记录下的图书借阅、预约、续借、归还、内部阅览等记录信息，利用馆际互借和文献传递系统提交的需求信息，利用图书馆荐购系统提交的用户荐购需求数据以及存储在其他馆内数据库的用户利用数据、统计数据、各种统一规范的需求表单。

结构化用户数据由于其数据结构规范，获取相对简单，访问相关数据库，借助于 SQL 语句等就可以直接实现检索和浏览，获取可以通过写程序调用数据库系统提供的 API 接口或者直接访问数据库查询并导出所需数据，借助于系统自带的数据分析工具或第三方数据分析工具进行分析即可。目前新推出的“下一代图书馆自动化”系统，比如艾利贝斯公司推出的 ALMA 系统，已经集成了强大的数据分析工具[13]，结构化用户数据可以直接利用其进行分析。传统图书馆集成管理系统虽然不具有下一代图书馆自动化系统的数据分析工具，但也可以进行一定程度的统计分析。Excel 中的表单中的结构化数据可以直接导出到相关数据分析工具，或者借助于 Excel 的公式或宏命令实现复杂 Excel 数据表的查询并将所需要的数据导出到相关数据分析工具。纸质表单则需要借助数字化或人工录入的方式先转化成机器可读的结构化数据，借助于数据分析工具进行分析。

2. 半结构化用户数据的获取

半结构化用户数据，是介于结构化和非结构化之间的数据类型，它并不符合关系型数据库或其他数据表的形式关联起来的数据模型结构，但是它包含一些标记，用于分隔语义元素、字段和记录，以树状图或图的形式存储，属于自描述的结构，常见的数据格式为 XML 和 JSON 格式文件，也有些是 log 格式数据文件。此类用户数据最为典型的就是各类日志，日志文件详细记录了用户在使用图书馆的资源服务系统过程中的日期、时间、使用者及动作等相关操作，电子资源使用统计日志、书刊流通日志、电子资源访问日志等都可以用于用户使用习惯和偏好的研究分析，用于辅助馆藏建设。也有些图书馆集成管理系统和其他系统，其后台的数据库和数据表采用的不是关系数据库，虽然相关用户数据也是规范的数据，但外部系统使用该数据时却无法直接访问数据库，只能以接口形式对外提供服务，返回给外部系统 XML 和 JSON 格式数据，因为系统的原因，原来的结构化数据在提供第三方系统使用时转化成了半结构化的数据。需要说明的是，log 日志文件虽然有些为减少所占空间，在日志中并没有使用带有语义的标记来描述这些数据，但是由于日志都遵循某个特定标准（比如 W3C 的扩展日志格式 ELF[14]、Apache 的访问日志格式[15]、思科的事件交换日志格式[16]等），而标准中对这些日志格式组成进行了详细说明，因此依据标准就可以顺利从相关字段中准确抽取出所需要的数据。

半结构化的用户数据，与结构化数据的获取相比，其获取难度都有了很大程度的提高。但相对来说，作为半结构化数据的重要组成部分的“日志”，由于各行各业都有日志获取和分析的需求，其获取的技术和方法也较为成熟，图书馆对于这部分数据的获取只要选取合适的工具就可以了。不过，很多时候图书馆馆藏资源建设中要获取的用户行为数据，并不能只依靠相关系统或服务器所记录的日志，必要的话，需要利用相关工具自己记录所需要的日志，比如利用 Web 反向代理服务器软件 Squid 来搭建搜索日志的中间平台记录资源发现系统的用户搜索行为日志信息[17]，如果现有工具无法满足数据获取和统计分析需要，就需要自己开发专门的程序来跟踪记录用户行为。但总体来说，不管这些半结构化的用户数据从哪个系统获得，也不管获取过程中采用何种工具和方法，最终若可以被数据统计分析的系统平台使用或者其他途径使用，这些半结构化的数据大多都需要转换为结构化数据。只是在这个转化过程中，由于日志或其他文件并不是专门为图书馆馆藏建设需要设计，因此含有了较多馆藏建设中用户行为分析不需要的数据，需要进行大量的数据清洗工作才能最终完成这种转化。而这里的数据清洗工作可以在半结构化数据转化为结构化数据之后，将不相关的数据清洗出去，也可以转化过程中，对于不需要的数据不予采集。数据清洗工作在哪个阶段进行则取决于哪个阶段数据清洗的工作更少。

3. 非结构化用户数据的获取

非结构化的用户数据就是没有固定结构的用户数据，可以是文档、图片、音视频、报表等文件类型。具体到图书馆馆藏建设决策所需要的用户数据，非结构化的数据包括图书馆所开展的用户需求座谈会记录或录音、主要为开放题型的问卷调查、利用录屏软件记录的用户使用馆藏服务系统行为的录像、用户发送给图书馆表达资源需求的邮件或电子邮件、用户在资源下进行的评论等。这些数据是非标准化的数据，大多不能保存于关系数据库中，只能以文件形式存放。当然，用户数据的结构化和非结构化也是相对的，比如图书馆与用户之间的信息咨询记录，是以一问一答的形式存在于关系数据库中，但是涉及馆藏建设的用户需求时则极有可能混在其他问题中了，这部分数据还需要人工或通过技术手段抽取出来，因此这部分馆藏用户需求数据则是非结构化的数据。而咨询中关于用户身份的相关信息因为有专门的字段进行规范，这部分用户数据又是结构化的数据。

不同于结构化用户数据和半结构化用户数据，非结构化数据所涉及的数据大多不是基于已有系统已有数据开展的，多需要各种途径来获取这些数据（个别有历史存档记录的数据不需要从源头上获取）。因此，整个获取过程大体可以分为两个阶段：一个是这些用户需求和用户行为数据的获取阶段，通过座谈会、问卷调查、用户访谈、用户行为录屏、利用软件记录等；另一个阶段就是将这些获取录像、电子邮件、座谈会记录、调查问卷结果等，借助于人工或机器识别、抽取的方法，将需要的需求数据和行为数据提出来，转换成为半结构化数据或结构化数据，再借助于相关统计分析软件或系统进行深入分析。

三、用户数据分析的主要工具

为了实现用户数据统计的目的，很多图书馆开发了专用的数据分析工具，比如 Canton 公共图书馆用于参考咨询记录分析的 TRack-Ref[18]、哈佛大学统计分析工具包 Library Analytics Toolkit[19]、北卡罗纳州立大学数据展示工具 Numbers[20]，英国曼彻斯特大学馆藏利用分析的工具 CCM[21] 以及澳大利亚卧龙岗大学图书馆综合工具 Library Cube[22] 等，数据库商 EBSCO 和 Gale 以及主要自动化系统商也都推出了图书馆数据分析相关的工具。其他没有此类工具的图书馆，可以利用上述工具中的开放源代码工具改造成本馆需要的数据统计工具或者自开发适合自己的数据统计分析工具，或者购买数据库商提供的数据分析工具，也可以借助于一些通用的工具来完成。

在这些通用工具中，最常见的就是微软办公软件中的电子表格软件 Excel。Excel 具有直观的界面，出色的计算功能和图表工具，再加上成功的市场营销，目前已经成为最为流行的个人计算机数据处理软件。借助于各种公式、宏命令和图表工具，Excel 就可以实现比较强大的基本数据分析和展示功能。若加载本身已经具有的“分析工具库”，数据分析功能就会有比较大的提升，如添加“PowerPivot”插件，就可以突破目前数据表记录数的限制,可以用来处理大型数据,并利用其数据透视灵活分析数据了。选择 Excel 工具最大的优势就是不需要额外的费用,也不需要购买安装学习其他统计分析工具,经济和学习成本都比较低。不过,Excel 毕竟不是专门的数据分析工具,与专业的工具还有较大的差距,若想实现更专业的功能,就需要使用其他工具了。

(1)Minitab[23]。Minitab 是美国学者 Lesley 和 Alan 在《通过数据分析改善图书馆服务》[24]一书中强力推荐的工具,书中称该软件是综合考虑购买成本和易用性之后数据统计分析工具的最优之选。Minitab 软件 1972 年由美国的宾夕法尼亚州立大学设计开发完成,至 2017 年已经推出了第十八版。Minitab 使用界面非常优化,采用的是类似 Excel 的表单(Sheet)界面,数据可以直接拷贝粘贴到 Minitab 表单中,也有大量的下拉菜单支持相关功能的实现。Minitab 的图表则比 Excel 更加专业,支持散点图、矩阵图、箱线图、点图、直方图、控制图、时间序列图、等值线图、旋转 3D 图、概率图和概率分布图等,可以自由增加标签,可以完全根据使用的需求个性化定制图表。Minitab 也支持用户编写程序进行数据分析,支持同时执行一组命令或批处理命令来完成按照顺序完成的一系列数据统计工作。Minitab 内嵌了精益六西伽马质量持续改进的数据分析模块,支持运行图、Pare 通图、因果图、变量控制图、属性控制图等质量提升工具。借助于愈来愈丰富的助力模块,协助用户选择合适的工具、合适的方法,以推动最终相关目标的实现。Minitab 只能在 Windows 平台上使用。

(2)SPSS[25—26]。SPSS 创建于 1968 年,由美国斯坦福大学的三位研究生 Norman H. Nie、C. Hadlai(Tex)Hull 和 Dale H. Bent 研发,经过近 50 年的持续发展,已经成为国际上最有影响力的三大统计软件之一,即在国际学术交流中,凡是用 SPSS 软件完成的计算和统计分析,可以不必说明算法,由此可见其影响之大和信誉之高[27]。图书馆利用 SPSS,可采用类似 Minitab、EXCEL 表格的方式输入与管理数据,数据接口较为通用,能方便地从其他数据库中读入数据。其统计过程包括了常用的、较为成熟的统计过程,完全可以满足非统计专业人士的工作需要,输出结果十分美观,存储时则是专用的 SPO 格式,可以转存为 HTML 格式和文本格式。SPSS 的基本功能包括数据管理、统计分析、图表分析、输出管理等。SPSS 统计分析过程包括描述性统计、均值比较、一般线性模型、相关分析、回归分析、对数线性模型、聚类分析、数据简化、生存分析、时间序列分析、多重响应等几大类,每类中又分为几个统计过程,比如回归分析中又分线性回归分析、曲线估计、Logistic 回归、Probit 回归、加权估计、两阶段最小二乘法、非线性回归等多个统计过程,而且每个过程中又允许用户选择不同的方法及参数。SPSS 也有专门的绘图系统,可以根据数据绘制各种图形。SPSS 支持 Windows 系统和 MAC 系统,至 2017 年 8 月已经推出第 25 版。

(3)SAS[24,28]。SAS,英文全称是"Statistical Analysis System",是由美国北卡罗来纳州立大学以项目形式启动,并在 1976 年开发完成的模块化、集成化的统计分析软件系统,在国际上已被誉为统计分析的标准软件,广泛应用于政府行政管理,科研,教育,生产和金融等不同领域。SAS 提供了用户友好的图形界面 Enterprise Guide 和程序开发调用界面,采用类似 Minitab、EXCEL、SPSS 表格的方式输入与管理数据,由数十个专用模块构成,功能包括数据访问、数据储存及管理、应用开发、图形处理、数据分析、报告编制、运筹学方法、计量经济学与预测等。SAS 提供了从基本统计数的计算到各种试验设计的方差分析,相关回归分析以及多变数分析的多种统计分析过程,几乎囊括了所有最新分析方法。SAS 操作简单,它以一个通用的数据(DATA)步产生数据集,尔后以不同的过程调用完成各种数据分析。图形界面只需要下拉菜单和鼠标点击就可以完成所需操作,程序界面编程语句简洁短小,通常只需很小的几句语句即可完成一些复杂的运算,得到满意的结果。结果输出以简明的英文给出提示,统计术语规范易懂,具有初步英语和统计基础即可[29]。SAS 与 SPSS、BMDP(主要应用于生命医学领域,后在其他领域也有应用,已被 SPSS 公司收购)并称为国际上最有影响的三大统计软件,在 Windows 系统下运行,最新版是 2016 年时推出的 9.4 版。

(4)R[24,30]。R 是一个用于统计计算和统计制图的优秀工具,对比 SPSS 和 SAS 等付费软件,R 具备跨平台、自由、免费、源代码开放、绘图表现和计算能力突出等一系列优点。R 诞生于 1993 年,前身也是统计语言领域非常著名的 S。R 随着大数据概念技术的普及,近年受到了前所未有的重视,在学术机构和公司使用量都增长非常迅速。R 提供的数据统计环境下,界面不够友好,只能通过编写程序的形式使用,没有可以拖拽和鼠标点击的图形界面,一定程度上限制了 R 向没有编程基础的普通使用者普及。R 功能非常强大,其功能包括:数据存储和处理系统;数组运算工具(其向量、矩阵运算方面功能尤其强大);完整连贯的统计分析工具;优秀的统计制图功能;简便而强大的编程语言:可操纵数据的输入和输出,可实现分支、循环,用户可自定义功能[31]。R 的优势之一是可以很好地设计出版质量的图表,包括需要的数学符号和公式。R 对图形中次要设计选择的默认设置非常谨慎,用户仍保有完全控制权。R 支持跨平台操作,可以编译并运行在各种 UNIX 平台及 Windows 和 Mac 系统。为了方便使用,一款名为 RStudio 的 R 开源图形界面系统[32]在 2011 年时也被相关研发团队开发完成并被越来越多的人使用。

四、国内外图书馆馆藏建设用户数据获取分析主要实践概览

馆藏建设用户数据获取分析是图书馆数据驱动决策实践的一种。所谓图书馆数据驱动决策,耶鲁大学学者 Sarah Tudesco 界定为"馆员基于对客观数据的挖掘和分析而不是个人的经验和主观臆断所形成决策建议和方案的思维活动和工作过程"[33]。馆藏建设用户数据获

取分析的最终目的就是基于这些获取的用户数据而为图书馆馆藏建设提供决策建议或方案。国内外图书馆馆藏建设中也已经开展了较多的实践，对照前文已经讨论过的馆藏建设中的用户数据分析的4个目的，可以对这些实践进行简单梳理。总体来说，用户数据用于改善图书馆服务的实践较多，用于服务馆藏建设的实践则相对少一些。其中关于"获取用户需求数据"目的方面的实践，在本书第四章馆藏建设的PDA模式及彩云模式中进行了比较详细的介绍，基于馆际互借的数据和用户直接需求直接启动资源购买程序进行购买，国内外都有大量的实践，这里不再赘述。西南石油大学图书馆将用户图书荐购数据结合用户抱怨访谈调查数据分层、细致地归纳用户在资源荐购中不满意原因和应对策略[34]，相关实践和方法值得参考。另外，基于用户已发表成果或学位论文的引文数据研究馆藏保障率，并从中挖掘用户资源需求进行补藏的相关实践，比如参考文献[35—36]也属于这种获取用户需求数据的实践，黑龙江中医药大学图书馆不但根据博硕士论文引文数据挖掘结果补充缺漏图书，也依据科技查新参考文献挖掘结果获知教学科研文献需求。这里简单介绍一下挖掘用户行为规律和馆藏建设管理方面的实践。

1. 挖掘用户行为规律实践

此类实践较多，这里从相关研究成果角度列举部分有参考意义的实践。严贝妮等人对10所高校图书馆借阅排行榜上榜图书数据进行细致分析，得出高校图书馆用户"偏向性、功利性、阅读内容趋向大众文化、经典阅读意识相对淡薄、阅读方式数字化"的特点[37]。谢平凡则利用广西医科大学图书馆2年间的借阅数据，分析医学类用户图书借阅行为规律，并总结了高借阅率、中借阅率、低借阅率三类图书的特点，为馆藏建设提供参考[38]。美国加州大学图书馆基于数据挖掘技术分析加州大学数字图书馆用户借阅数据，探讨不同用户使用电子资源的时间规律；利用序列和聚类等数据挖掘技术探讨图书馆用户的行为规律[39]。美国芝加哥大学的 D. Swansan 教授开发出名为 Arrowsmith 的工具软件[40]，通过深度挖掘文献数据，探索文献数据之间内在联系和有用的知识。美国阿拉斯加大学图书馆学科馆员借助于流通数据分析不同学科不同馆藏利用习惯（比如：心理学新书到馆后第一年内 40% 流通率，三年内有 60% 的借阅率，而化学第一年只有 10% 的流通率，三年内也只有 20% 的流通率），并根据学科不同配备不同的纸本馆藏建设策略[41]。

2. 用于图书馆馆藏建设和管理策略决策的调整

馆藏建设策略主要包括：

（1）馆藏学科结构和学科经费调整。有的从低利用率资源角度研究，在馆藏学科结构减少相关类图书的采购，比如上海海事大学图书馆通过对以学科细类为依据对零借阅率图书分析，得出馆藏建设工作中零借阅率图书馆主要学科细类的分布，并在以后的图书采访过程中减少此类图书的购买[42]。有的从高利用率资源角度探讨，在馆藏学科结构中增加相关图书的采购经费和采购量，比如曹远亮[43]等以图书馆自动化系统中 1 年的用户借阅记录，以数据挖掘算法的决策树算法，获取文献借阅率、利用率高的子类，加强相关类资源的采购力度。同样的还有东华大学图书馆[44]。张宏伟等以黑龙江中医药大学图书馆为例，依据借阅流通数据挖掘结果指导采访资金分配[45]。美国北卡罗来纳州立大学图书馆也以学科用户推荐购买资源及其他途径所购买资源的利用率来对不同院系的采购经费进行均衡性分析，调整相关院系资源采购的经费[5]，也通过期刊各年度使用率和期刊投入经费使用情况进行对比计算期刊的投入产出比，从而对馆藏进行评估。

（2）馆藏复本量的调整。馆藏复本是图书馆纸质图书购买或有复本量限制的电子图书购买必须要考虑的政策，各馆大都制定了单一的复本量政策。也有图书馆在实践中借助于借阅数据中预约数据制定灵活的复本量政策，比如中国人民解放军陆军军医大学（第三军医大学）图书馆，基于馆藏图书的借阅数据分析每一种外借图书年度内所对应的实际读者数，并进一步分析有效借阅读者数所对应的图书种数及其在所有外借图书总数中的占比，从而可以比较直观地观察到外借图书和借阅用户数量之间的关系，从而为不同学科设定不同复本量[3]。而黑龙江中医药大学图书馆则以图书预约数据为基础根据需要在原有复本量基础上为高预约量且满足用户需求时间较长的图书补充馆藏复本[45]。

（3）馆藏剔旧、弃选和停订。剔旧、弃选和停订是图书馆馆藏建设的“淘汰”机制，对那些用户使用量低或性价比低的馆藏资源淘汰出馆藏资源范围，这也是国内外用户数据驱动决策实践的重要内容。这里的馆藏资源既包括印本资源，也包括电子资源。比如美国摩斯大学图书馆[6]借助于数据库涵盖期刊及文章数量、不同数据库之间的重复量、数据库的使用量等相关数据为数据库的弃选提供参考，以满足经费削减带来的挑战。美国北卡罗来纳州立大学图书馆[5]借助于期刊使用数据和用户调查数据（构建相关系统，将订购期刊的下载使用率、影响力、订购费用、学科领域等信息呈现给用户，通过必须续订，如果经费允许可以续订、可以取消三种途径让用户决定，在计算过程还为专业用户和非专业用户的选择设定不同的权重，根据期刊的影响因子、单次使用费用、本校对期刊的引用率、用户取消意愿等组成矩阵，计算每个刊物的得分）决定纸质期刊的取消与否。美国劳林斯学院（Rolins College）学院图书馆[4]图书剔旧工作中基于数据驱动决策的相关实践，在剔旧标准和数据收集分析过程中，不但考虑图书的借阅率、室内阅览率、图书的老化率、图书的复本等本馆的情况，还考虑到纸本和印本在一定范围内的可获取程度，比如，美国有超过 100 个复本、本地大学有一个复本等情况，讨论更细更深入。

（4）其他管理问题。美国堪萨斯大学图书馆通过借阅记录评估不同学科读者荐购和馆员订购的馆藏的利用效果，对不同学科采用差别化的学科馆藏建设策略等[7]。

参考文献：

[1] 周倩. 基于 User-Ontology 的图书馆用户数据挖掘研究[J]. 图书馆杂志，2006(10)：58－63.

[2] 数据分析中，你认为用户行为分析最重要的点是什么？[EB/OL]. [2018－01－25]. http：//www. woshipm. com/operate/122459. html.

[3] 张精理，何晓阳. 基于外借图书数据分析的图书采购启示——以第三军医大学图书馆为例[J]. 兰台世界，2017(22)：78－83.

[4] SNYDER C E. Data-Driven Deselection：Multiple Point Data Using a Decision Support Tool in an Academic Library[J]. Collection Management，2014，39(1)：17－31.

[5] DAY A，DAVIS H. Collection Intelligence：Using Data Driven Decision Making in Collection Management[EB/OL]. [2018－01－25]. https：//docs. lib. purdue. edu/cgi/viewcontent. cgi? article = 1110&context = charleston.

[6] BROWN J M，TIMMS G P. Striving for Uniqueness：Data－Driven Database Deselection [EB/OL]. [2018－01－25]. https：//core. ac. uk/download/pdf/12982828. pdf.

[7] ORCUTT D. Library Data：Empowering Practice and Persuasion[M]. Santa Barbara：Library Unlimited，2010.

[8] 张计龙，殷沈琴，陈铁. 基于 ERU 的图书馆用户信息行为数据采集方法研究——以复旦大学图书馆为例[J]. 图书馆杂志，2014(12)：10－16.

[9] COX B. How libraries should Manage Data [M]. Waltham：Chandos Publishing，2015.

[10] SHOWERS B. Library Analytics and Metrics：Using Data to Drive Decision and Services [M]. London：Facet Pulising，2015.

[11] 数据分析的 6 个操作步骤[EB/OL]. [2018－01－25]. http：//blog. sina. com. cn/s/blog_13ec737150102wgrv. html.

[12] 张群,李爱国.基于用户数据资源化利用的高校图书馆服务创新研究[J].现代情报,2017(5):111-115.

[13] 贾西兰,李书宁,吴英梅."互联网+图书馆"思维下的下一代图书馆服务平台[J].图书与情报,2016(1):44-48.

[14] W3C Extended Log File Format[EB/OL].[2018-01-25].http://www.w3.org/TR/WD-logfile.html.

[15] Apache HTTP Server Version 2.4[EB/OL].[2018-01-25].http://httpd.apache.org/docs/current/logs.html.

[16] Cisco Intrusion Detection Event Exchange(CIDEE) Specification[EB/OL].[2018-01-25].https://www.cisco.com/c/en/us/td/docs/security/ips/specs/CIDEE_Specification.html.

[17] 朱玲,聂华.通过日志挖掘研究图书馆资源发现服务用户的搜索行为[J].现代图书情报技术,2011(12):74-78.

[18] CARLOZZI M. Data for Decision Making: Tracking Your Library's Needs With TrackRef[EB/OL].[2018-01-25].http://journal.code4lib.org/articles/11740.

[19] Library Analytics Toolkit Wesite[EB/OL].[2018-01-25]http://osc.hul.harvard.edu/liblab/projects/library-analytics-toolkit.

[20] SHIH W. Analytics @ USC Libraries[C/OL].[2018-01-25].https://connect.ala.org/files/Win_Shih.pptx.

[21] SHOWERS B. Data-driven Library Infrastructure: Towards a New Information Ecology[J].Insights,2012,25(2),150-154.

[22] COX B L, JANTTI M H. Discovering the Impact of Library Use and Student Performance[EB/OL].[2018-01-25].http://ro.uow.edu.au/cgi/viewcontent.cgi? article=1507&context=asdpapers.

[23] LESLEY F, ALAN S. Library Improvement Through Data Analytics[M].London: Facet Pulising,2016.

[24] Minitab[EB/OL].[2018-01-25].http://www.minitab.com/en-us/.

[25] SPSS[EB/OL].[2018-01-25].https://www.ibm.com/analytics/data-sci-

ence/predictive-analytics/spss-statistical-software.
[26] 房艳焱,余锦凤. SPSS 在数字图书馆用户数据分析中的应用[J]. 图书情报工作,2005(12):89-92,110.
[27] SPSS[EB/OL]. [2018-01-25]. https://baike. baidu. com/item/spss/2351375? fr=aladdin.
[28] SAS[EB/OL]. [2018-01-25]. https://www. sas. com/en_us/home. html.
[29] SAS[EB/OL]. [2018-01-25]. https://baike. baidu. com/item/SAS/891078.
[30] R[EB/OL]. [2018-01-25]. https://www. r-project. org/.
[31] R 语言[EB/OL]. [2018-01-25]. https://baike. baidu. com/item/R 语言.
[32] Rstudio[EB/OL]. [2018-01-25]. https://www. rstudio. com/products/rstudio/.
[33] TUDESCO S. What is a Data-driven Academic Library[EB/OL]. [2018-01-25]. http://www. slideshare. net/studesco/data-driven-libraries20131204.
[34] 李显志,任杰麟,樊映影. 基于鱼骨图与层次分析法的读者抱怨原因分析与对策——以西南石油大学图书馆图书荐购活动为例[J]. 国家图书馆学刊,2017(3):46-54.
[35] 李峰,涂文波. 基于重点学科引文分析的我国高校人文社会科学外文文献保障率研究[J]. 图书情报工作,2013(2):64-69.
[36] 刘良璧. 从硕士学位论文引文分析透视重点学科文献保障情况[J]. 图书馆建设,2010(4):58-61.
[37] 严贝妮,江慧,陈安琪,等. 高校读者阅读行为研究——基于十所高校图书借阅数据的分析[J]. 山东图书馆学刊,2017(5):58-62.
[38] 谢平凡. 医学生图书借阅行为的数据挖掘[D]. 南宁:广西医科大学,2016.
[39] NICHOLSON S. Bibliomining for Automated Collection Development in a Digital Library setting: Using Data Mining to Discover Web-based Scholarly Research Works [EB/OL]. [2017-10-21] http://dlist. Sirarizona. edu/6251/01/asisdiss. html.
[40] 董风华,兰小筠. 基于文献的知识发现工具—Arrowsmith[J]. 情报杂志,2004(5):52-54.

[41] JENSEN K. Data-Driven Decisions for Library Liaisons: Exploring Strategies for Effectively Managing Diminishing Monograph Collections[J]. Collection Management,2012,37(1):9－22.

[42] 王静芬,高娟. 中文图书零借阅成因分析及馆藏策略研究——以上海海事大学图书馆为例[J]. 河南图书馆学刊,2017(3):133－135.

[43] 曹远亮,柳炳祥. 利用数据挖掘技术提升图书采购效率[J]. 电脑开发与应用,2011(1):20－21.

[44] 许邦莲. 基于纸质图书借阅率分析的采购策略研究——以东华理工大学图书馆为例[J]. 科技广场,2017(8):121－124.

[45] 张宏伟. 数据挖掘在高校图书馆文献采访决策中的应用[C]// 全国中医药图书信息学术会议暨中医药院校图书馆馆长会议论文集. 成都:[出版者不详],2014.

第六章　用户驱动馆藏建设的有力补充——用户参与特色馆藏建设

第一节　用户参与特色馆藏建设现状

一、用户参与和众包式参与

在图书馆行业的概念体系中,“读者第一”“读者是上帝”“以用户为中心”等一直是各个图书馆重要的服务理念、信条和宣传口号,用户需求驱动的馆藏建设就是这些理念在馆藏建设实际工作中的一种体现。“用户参与”虽然不是一个新的概念,但是在图书馆相关研究成果中频繁出现则是在21世纪初Web2.0、Lib2.0的概念及其理念大行其道之后。在国外相关文献中,代表“用户参与”的经常有3个词,分别是“user participation”“user involvement”“user engagement”,使用的时候可以互用。但是严格来说,三个词是有区别的,“user participation”只是强调参与行为,“user involvement”强调的是融入,有心理上的承认、愿意和参与的含义,“user engagement”则包含了用户参与和用户融入的两层含义[1]。其中,“user participation”是用户参与的初级阶段,目前图书馆馆藏建设中的用户参与大多停留在这个阶段。

在近年图书馆的馆藏建设中,和用户参与紧密相关的还有一个概念,那就是众包式参与。众包并不是图书情报领域产生的概念,而是产生于商业领域,按照众包概念提出者H. Jeff的界定,众包是指“是一个公司或机构把过去由员工执行的工作任务,以自由自愿的形式外包给非特定的(而且通常是大型的)大众网络的做法”[2]。作为一种运用领域广阔的创新型商业理念,众包思想实际上就是“集思广益”,是利用群体的智慧和力量完成个人或机构无法或难以完成的任务。从国外图书馆的具体实践来看,图书馆的众包参与者绝大多数都是图书馆现在或者将来的用户,只是这里的参与者不同于一般性的用户参与,图书馆相关管理者可能从始至终都不知道是谁帮图书馆做了这些工作,或者说至少有一部分是不清楚的,但这并不能妨碍图书馆对这些众包参与者用户身份的确定。因此,这里讲众包式参与也是用户参与的一部分。这里需要说明的是众包并不意味着免费。实际上,诸如“猪八戒网”等机构正是利用了“付费”机制才将众包业务推动的风生水起。即便是采用付费机制,众包在迅速解决问题的基础上还是能大大节省各方面成本。只是对于图书馆这样的非营利机构而言,众包带有比较强的“志愿者”性质,奖励更多是荣誉性质的。

二、馆藏建设中鼓励用户参与的意义

进入21世纪之后,随着用户所处信息环境的剧烈变化,图书馆在用户整个信息环境中的地位正在日趋边缘化。若想避免这种边缘化状态的加剧,图书馆需要更好地理解用户需求,并按照用户的需求进行资源建设和提供服务。用户参与的图书馆馆藏建设,尤其是特色馆藏建设,可以在源头上将用户需求体现于建设成果中,这无疑会增加已建设资源的使用率,也可以拉近图书馆与用户的心理距离,带动用户更多了解图书馆服务并更多使用图书馆的资源和服务。当然,用户参与图书馆馆藏建设的意义远不止于此。总起来说,馆藏建设中鼓励用户参与(包括众包式参与),至少具有如下四个方面意义:

1. 为图书馆补充更加丰富的馆藏资源

从已有图书馆用户参与实践来看,图书馆鼓励用户将自己或者自己搜集整理的图书、期刊、文章、手稿、照片、音频、视频等资源提交给图书馆,其中很多资源很难通过市场手段买到,用户贡献的资源能有效补充图书馆的馆藏。

2. 更大程度地满足用户需求,改善用户体验

无论馆员如何优秀,当涉及某一特定学科和领域的馆藏资源时,馆员遴选优质资源或者用户真正需要的资源一定会有某一程度的困难,对资源的组织只能按照图书馆界固有一些方法进行,而这些方法并不一定符合用户需求。而经过用户选择的资源则更加符合用户需求,用户对资源进行描述、评价、分级、标记等都为更好揭示资源奠定了基础,这都将改善用户的利用体验。

3. 增强用户忠诚度

图书馆在用户的信息环境中要想不被边缘化,就必须增强用户的忠诚度。用户的忠诚是对产品便捷的忠诚,是对自己付出的忠诚,在网络中使用户付出的越多忠诚度也就越高[3]。用户在参与资源建设过程中,了解资源建设过程,熟悉和掌握资源检索和使用方法,能逐渐产生和积累对图书馆及资源的感情,有利于用户忠诚度的培养。

4. 提高图书馆彰显度

图书馆馆藏建设中邀请特定用户和不特定的众包用户参与体现了图书馆“开门办馆”的理念,显示出图书馆在资源建设方面已非原来较为封闭的运行状态,彰显了图书馆“以读者为中心、以读者需求为导向”的行业态度,在凸显图书馆的作用和价值,为用户社区和图书馆搭建信任和忠诚的桥梁的同时,也能增加公众对文化遗产图书馆的主人翁意识和责任意识[4]。

三、图书馆用户参与馆藏建设现状

从已有实践来看,用户参与的图书馆馆藏建设可以分为两大类,一类是纸质馆藏建设的用户参与,一类是数字馆藏建设的用户参与。受限于纸质馆藏建设用户参与的物理空间要求,用户参与的馆藏建设中,除前文提及的用户荐购、用户现场参与采选等方式外,可以开展的

方式方法还不太多，国内外的实践主要还是针对数字馆藏的建设。总体来说，数字馆藏建设又可以分为两类：一类是普通的数字馆藏，这类馆藏主要依靠购买渠道获得，用户主要通过荐购和前面提及的 PDA、POD 等方式参与；还有一类是特色馆藏建设，这类馆藏是当前国内外各个图书馆建设的重点内容，从国内外相关实践来看，也是最需要用户参与或众包用户参与的。PDA、POD 等用户驱动参与馆藏建设内容前面已用专门的章节讨论，这里只讨论特色馆藏建设中的用户参与。

仔细分析国内外特色数字馆藏建设的实践，用户参与建设实践案例非常丰富，这中间涉及很多众包的用户参与，比如让公众挑选馆藏书目中的错误、评估馆藏信息和记录的可靠性、为馆藏记录增补信息、为馆藏增加用户创建的原生内容、制作电子书、校对馆藏数字全文文本、手写记录的转录等，其中最有必要的就是让公众来描述那些因为图书馆无力编目或描述而无法检索利用的资源。总起来说，用户参与的特色数字馆藏建设实践大体可以总结为数字馆藏的征集与整理、数字化资源 OCR（Optical Character Recognition，光学字符识别）错误纠错、数字资源组织描述三个方面：

1. 特色数字馆藏的征集与整理类实践

数字馆藏建设中，特色数字资源征集、整理是需要耗费相当多人力、物力和时间精力的工作。部分特色数字资源在征集过程中，图书馆甚至不知道向何处去征集，这些都是催生数字馆藏建设中用户参与和众包模式应用的关键因素，数字馆藏整理过程中大量出现此类实践也就不足为怪了。

特色数字馆藏征集就是通过一定途径（一般是网络平台）向用户或不特定的公众发出馆藏征集的需求，公众根据需要提供数字化的特定资源或非数字化资源，由图书馆数字化后加入到数字馆藏建设集合中，国内外此类实践很多。国内外很多图书馆都依靠外界的捐赠建设特色馆藏或者特色数字馆藏，比如北京大学图书馆的李政道数字图书馆、西北工业大学的姜长英数字图书馆等。国外图书馆还依据特定选题广泛征集资源，大英图书馆联合牛津大学等机构参与建设的“欧洲1914—1918”数字馆藏建设项目就是其典型代表，该项目向公众征集从未出版过的战争相关信件、照片、纪念品、人工制品、文件，数字化后在网上共享，项目允许公众自己数字化后提交，也允许提交非数字化版本由项目组负责数字化[5]。美国纽约公共图书馆创建了一个饭店菜单数据库，需要收集纽约1900年以来各个饭店的菜单用于物价、食品、文化等历史研究，这些饭店的菜单就是通过众包的方式由公众用户将其数字化后上传到数据库中[6]。丹麦哥本哈根建筑设计保护与表演艺术图书馆在Arkitekturbilleder. dk现代丹麦建筑归档馆藏建设项目中采用众包方式，让公众协助拍摄高质量的分散于各地的现代丹麦建筑照片提供给图书馆建库使用[7]。新西兰豪罗芬努阿图书馆在构建一个名为Kete Horowhenua的数字资源共享知识库时，以众包的方式向公众征集豪罗芬努阿地区相关的图片、音频记录、视频记录、文档、网络资源等[8]。征集类的案例还有很多，这里不再枚举。除资源类征集外，还有一类线索征集也需要注意，比如英国伦敦政治经济学院图书馆在构建社会学家查尔斯·布斯的在线归档特色数据库时需要了解布斯当年在伦敦进行各种调查的街道等地理位置如今是否存在的相关线索，也是通过众包用户参与的方式完成的[9]。

在图书馆的数字馆藏建设过程中，馆藏的征集和数字化只是第一步，尤其是对于那些只扫描为图片的数字资源，距离方便的利用还有很多工作要做，比如要识别这些图片上文字以便提供全文检索，对图片内容进行二次组织以便形成所需要的文献单元等，这些就是数字馆藏整理的重要内容。文字识别方法有很多种，其中使用最多的就是OCR识别，由于相关实践非常多，下面将单独讨论。另一种就是对照图片直接录入文字，国外也有较多的相关实践。英国伦敦大学学院2010年9月开始的边沁手稿录入项目就是其典型代表，其在专门设计的录入网站上发布哲学家杰里米·边沁(Jeremy Bentham)未发表的但已拍摄为图片的约6万页手稿,公众通过浏览边沁的手稿图片,完成人工录入[10]。美国杨百翰大学等共同建立的FamilySearch也是类似的众包项目,该项目需要处理加工的是来自于全球110个国家和地区的约240万幅缩微历史文献图片,公众需要在自己的计算机上安装工作需要的软件,然后从其网站上下载图片并将图片上显示的内容录入到软件中提交上传,全球有数十万公众参与了该项目,截至2014年7月底,已完成近12亿条的数据记录[11]。类似的项目还有英国牛津大学Bodleian图书馆2012年5月启动的乐谱信息录入项目[12]、美国爱荷华大学"DIY History"项目中以众包方式录入美国内战日记和包括馆藏手写菜谱在内的特藏文献[13]、美国路易斯维尔大学"Louisville Leader"数字报纸项目中以众包方式录入报纸数字化后图片中包含的文本内容[14]等。国外图书馆实践中也出现了以众包方式对数字内容进行二次组织的案例,国际生物多样性历史文献数字图书馆(Biodiversity Heritage Library)就是其典型代表,该馆采用众包方式邀请公众从在线数字图书(多为会议论文集)中抽取其中的某一篇文章制作独立的在线文献单元,标注简单元数据再上传来满足读者对数字化图书中单篇文章的检索需求。2010年1月到2011年4月间,有大约6万篇论文被从数字化图书中抽取出来,40%以上的被标记了相关元数据[15]。

2. 数字化资源OCR识别错误纠错类实践

数字馆藏建设过程中,大量的非数字类资源通过扫描或拍照的方式转换为数字图像。这些数字图像中文本型数字图片需要借助OCR技术转化为文本型内容才可以实现全文索引、检索、复制等操作,以便更好地为读者提供服务。但是由于馆藏文献资源语种复杂多样,时间跨度比较长,涉及字体复杂(如果数字化版本是手写体,则更为复杂),这都给这些资源的OCR识别带来极大的困难,容易产生大量的识别错误,因此,数字化资源正确的 OCR 识别已成为数字馆藏建设中急需面对的挑战[16]。OCR 识别错误的纠正只能通过人工的方式实现,但相当多的图书馆却没有足够的人力、精力和物力进行这方面的工作,于是很多图书馆在这项工作中引入了众包的理念,成为众包在图书馆数字馆藏建设中应用最多的领域。由于时间跨度比较久远、出版发行量巨大、内容字体字号复杂多样等原因,当前数字报纸 OCR 识别错误需要纠错的内容最多。相关研究表明[17],20 世纪早期出版的报纸 OCR 字符识别的准确率为 68%。但是报纸文章篇幅大多较短小、内容通俗易懂,涉及的内容对大众有很强的吸引力,因此当前数字馆藏 OCR 识别纠错的众包应用中又以数字报纸项目为重点。尽管国内相关项目很少见诸报端,国外却有大量实践[18—20]涌现,包括澳大利亚国家图书馆的数字报纸项目、芬兰国家图书馆的数字报纸项目、大英图书馆的数字报纸项目、越南国家图书馆的数字报纸项目、美国田纳西州立大学图书馆的田纳西州数字报纸项目、美国加州大学图书馆的数字报纸项目、美国弗吉尼亚公共图书馆的数字报纸项目等。

数字报纸项目最为典型的是澳大利亚国家图书馆数字报纸项目[21],该项目应用众包进行 OCR 识别内容纠错开始于 2008 年 8 月。澳大利亚国家图书馆利用此项目将其经过选择的 1803—1954 年间没有版权问题的历史报纸进行了数字化,并经过 OCR 识别后为用户提供全文检索。面对无法估量的 OCR 识别错误,项目引入众包理念,借助于专门的数字资源呈现系统,请公众对 OCR 识别内容进行校对、对资源进行评论和增加标签[22]。项目建立了用户 BBS 论坛用于众包用户的交流,设置了众包用户贡献度排名、采用了类 Wiki 的方式允许不同用户对同一内容进行核对性多次校正等措施,这些措施既鼓励了公众参与,也在一定程度保证了纠错工作的质量。经过几年的努力,项目已取得非常理想的效果,相关数据表明[23]:截至 2014 年 7 月底,已有 134 233 人注册参加纠错工作,超过 13 461 万篇报纸文章被正确校对,2014 年 7 月单月活跃用户有 8216 人,2014 年前 7 个月每个月的纠错量都超过 250 万行。澳大利亚国家图书馆数字报纸项目的负责人 Rose Holley 博士通过发表文章和到世界各地做报告的形式宣传其项目众包应用经验,极大地推动了国外图书馆数字馆藏建设中对众包的应用,之后有大量的数字化报纸项目都采用了众包方式开展相关工作。美国 Veridian 公司还据此专门研发了 Veridian 数字图书馆呈现系统[24]用于 OCR 识别内容的纠错、评论和增加标记等工作,弗吉尼亚公共图书馆、加州大学图书馆、剑桥大学图书馆、越南国家图书馆数字报纸的 OCR 识别纠错项目都利用了该系统。

芬兰国家图书馆的数字报纸项目是另一个值得关注的典型案例。不同于上述实践案例,为了鼓励公众参与,项目组专门请公司设计了游戏系统,公众要么尽可能快地将 OCR 待识别内容和正确内容建立关联,要么尽可能快地拼写出 OCR 待识别内容的正确内容,在玩游戏过程中,完成 OCR 内容的校对工作[25]。游戏系统增加了校对工作的趣味性,短期内就吸引了大量公众注册参与,该项目开始于 2011 年 2 月,截至 2012 年 10 月,注册用户 109 321 人,共完成了 8 024 530 个纠错微任务[18],项目取得了非常良好的效果。

当然,也有一些非数字报纸的项目[19],比如美国爱荷华大学图书馆的“美国内战数字日记”项目、俄罗斯数字期刊项目、英国伦敦大学学院图书馆对英国哲学家杰里米·边沁历史馆藏 OCR 识别的整理等,其 OCR 识别错误的校对和数字报纸并无太多区别,这里不再赘述。需要特别说明的是,还有一种基于众包的数字馆藏 OCR 识别错误校对工作,有可能是在公众完全不知晓的情况下协助完成:美国卡内基梅隆大学研发了一款名为 reCAPTCHA 的校验码软件[26],其功能和其他校验码软件相同,主要应用于网站防止垃圾注册和评论等,但需要识别的验证码内容却是该校数字报纸等数字馆藏 OCR 无法准确识别内容的文字扫描图,这些网站的用户在正确识别出这些文字之后,其答案会被传回卡内基梅隆大学,用于数字资源项目 OCR 识别错误的纠正。

3. 数字资源组织描述类实践

馆藏资源组织描述是馆藏利用的前提,丰富多样的资源描述将为用户提供多角度的利用渠道。馆藏资源组织描述长期以来也一直是图书馆"最为专业"的工作之一,图书馆员利用分类编目和主题标引等方法对馆藏资源进行组织。但是坦率地讲,这些印本时代"功勋卓著"的方法在数量增长速度飞快和用户多样化利用需求的数字馆藏建设中变得有些"力不从心",于是众包被引入到数字资源组织描述工作中,具体包括数字资源描述元数据方案的制定、数字资源基本编目类组织描述、tag 类组织描述。

图书馆数字资源描述元数据方案的制定最初都是业内相关专家完成,现已有通过用户众包方式投票决定具体元数据方案的组成,其典型案例就是新加坡南洋理工大学图书馆[27]。该馆在构建中国旗袍特色数据库时,先将 DC、VRA Core 中的元数据要素和其他标准中描述艺术品的元数据要素组成"元数据池",让用户挑选出对于其利用最重要和最不重要的元数据要素,依用户投票数排序,选出用户认为最为有用的要素组成描述旗袍的元数据方案。数字资源基本编目类组织描述是指将描述数字资源的基本信息,比如图书题名、作者、出版社、出版时间等信息通过用户众包的方式完成。Library Thing、Biblios.net 和 Open Library 等目录数据库都是依靠用户参与标注完成,正是得益于用户参与,这些目录数据库(包含数字资源)编目数据量增长的速度非常快,自 2007 年 11 月至 2011 年初,OpenLibrary 目录库中的数据已有近 2000 万条[28]。美国普林斯顿大学在构建钱币数据库时,用户在上传自己钱币照片的同时需要输入钱币出现的年代、地区、货币材质等基本信息,完成数字资源的基本编目组织[29]。

用户根据自己的理解用打标记(tag)的方式对数字资源进行组织

则是众包数字资源描述中最为流行的方式。Web2.0技术和理念的在图书馆界的应用与发展将用户标签、评论、评级等功能拓展到图书馆OPAC中，相当多的图书馆都已经支持用户对OPAC能够揭示的资源增加标签、评论、评级。除OPAC平台外，国外图书馆数字馆藏平台建设实践中也大量采用了这种方式，相关资源以照片和图片类资源为主。概括起来，代表性的实践主要有三类：①用户在对数字资源OCR错误识别过程中也为相应资源增加标记和评论，以前文提及的数字报纸类项目实践最为典型。前文提及的澳大利亚国家图书馆、大英图书馆的数字报纸项目的数字报纸OCR错误识别平台都具有该功能，Veridian数字图书馆呈现系统[24]也专门提供这方面的功能，而且也达到了比较满意的效果。比如从2010年10月开始，澳大利亚国家图书馆的数字报纸项目每月用户的标签量都在4万—7万之间[23]；②图书馆利用第三方社交网站吸引和接纳用户对馆藏数字资源进行标记，并通过组织标记使这些资源能够被检索和利用。2006年澳大利亚国家图书馆就通过“Picture Australia”项目将馆藏图片发布到Flickr接受公众的标注和评论[30]。2008年1月美国国会图书馆开始与Flickr合作，将本馆4615副无版权问题的照片发布在Flickr上，让公众对这些历史照片进行标注和评论，然后通过Flickr的API将这些标注和评论数据下载导入本地系统中[31]。此后，该馆将馆藏的部分新闻图片、照片放在Flickr上接受公众的标记和评论[32]，目前正在接受标记的是Boyd Norton等人拍摄的照片资源[33]。2013年12月大英图书馆将上百万的馆藏照片上传到Flickr，接受公众对于照片的标记以便于知道这些照片都包含什么内容[34]，图书馆资源只有经过标引组织以后才为公众查看和使用的传统做法正在悄然改变。当然，这里平台并不只是Flickr，2010年澳大利亚昆士兰州立图书馆就将馆藏特藏照片放在澳大利亚维基百科上，让公众打标记和描述[35]。③图书馆借助游戏吸引用户对馆藏资源进行标记。公众在玩游戏过程中需要用自己的语言描述场景图片、影片、音频、图书、手工品的内容，这些描述语言就成为揭示具体内容的标记，通过对标记的组织，最终实现这些资源更加深入内容的揭示和利用。相关典型案例有很多，比如：荷兰声音与视觉研究院的 Waisda 项目 2009 年推出了一款游戏，公众在影音播放过程中记录下影音内容的标记以获得游戏积分和突破关卡，从而吸引和激励用户为存档的电影增加描述性信息，便于实现基于内容的检索和利用[36]。丹麦国家图书馆 GeF 项目中的“照片馆藏 2010”也是通过游戏方式以获得用户标注，只用了一个星期的时间，2000 余副照片就获得 20 000 余个标记，实现预期目标[30]。大英图书馆与美国达特茅斯学院的 Tiltfactor 游戏研究中心合作于 2014 年 6 月推出了“Ships Tag”“Book Tag”“Portrait Tag”三款分别针对其馆藏船舶照片、图书、肖像添加标记的游戏[37]。英国爱丁堡大学图书馆 2014 年 8 月份也开始利用游戏邀请用户描述其照片馆藏[38]。

综合上述图书馆特色数字馆藏建设中用户参与的实践，可以发现一些邀请用户成功参与的共同特征：①选择的资源大多都无版权问题。不管是 OCR 识别错误纠错，资源图片内容录入、还是资源组织，要想让公众用户参与，就需要将全文免费无条件开放给公众，这就要求这类资源应该是获得授权或者公共版权的资源，这样的资源在购买的商业数据库中不太可能存在，且商业数字资源的错误识别、内容录入等工作由公司来完成，不需要图书馆考虑。②建设工作量巨大或无法预期，单靠图书馆无法保质保量按时完成。从目前实践来看，这些数字馆藏建设项目中需要处理数据内容都非常巨大，前文提及的大英图书馆需要处理的图片有上百万张[34]，牛津大学 Bodleian 图书馆实体音乐收藏品达到 50 多万件，这些数据处理工作，仅依靠图书馆员在有限时间内根本就无法完成。还有一类是工作量无法预期，比如纽约图书馆的“菜单项目”在建设初期对于总共有多少菜单、能收集多少菜单等目标无法准确地把握。还有一类就是图书馆无力做，比如在资源的遴选过程中图书馆员无相关的知识储备，需要具有专业知识的公众用户协助完成的俄亥俄州大学图书馆 Biz 商业维基资源库[39]，或者资源需要从用户角度以标签形式去标注，图书馆难以越俎代庖。③馆藏资源涉及的内容多为非纯学术类，但内容对公众来讲有益或有趣。前文提及的数字报纸项目，其使用众包方式是因为报纸的内容大多通俗易懂，涉及的历史事件和内容对大众有很强的吸引力，大众在义务帮助图书馆的同时，也能了解到大量自己感兴趣或者有用的内容。再比如，英国牛津大学 Bodleian 图书馆的乐谱信息录入项目，是为 19 世纪维多利亚时期的钢琴乐谱标引信息，这些音乐资料当时主要应用于家庭娱乐。纽约公共图书馆的菜单录入项目，则在实际上组织了一个专门的美食家社区，包括纽约历史爱好者、厨师等许多人群，这些志愿者贡献他们的时间和精力去录入相关信息，使得这些资源更方便提供给他人使用[40]。

第二节　用户参与特色馆藏建设模式

一、用户参与馆藏建设模式的界定

用户参与特色数字馆藏建设模式是指用户在图书馆馆员的引导、支持和必要的管理下，借助必要的技术手段或方法，通过各种方式参与到特色数字馆藏建设之中，并且图书馆需要为此建立相应机制保障用户参与工作能够顺利、高效和高质量实施的一种模式（见图 6 - 1）。特色数字馆藏大体可以分为学校特色（机构特色）、学科特色、馆藏特色和地方特色四类。根据图书馆馆藏建设的生命周期，特色数字资源建设大体可以分为馆藏规划、建设实施和服务维护三个阶段，用户可以全程参与其中，各阶段用户可参与的内容会有所不同。从参与用户角度来看，由于不同类型用户参与方式、参与内容和管理机制等会有所不同，特色数字馆藏的参与用户大致可以分为志愿者用户和付酬用户两类，从国内外相关的实践来看，志愿者用户是特色数字馆藏建设的主要参与群体。这两类用户都有专家用户和普通用户之分，鉴于专家用户在其中发挥的特殊作用，图 6－1 中用虚线表示。下面从参与用户类型视角分别进行讨论。

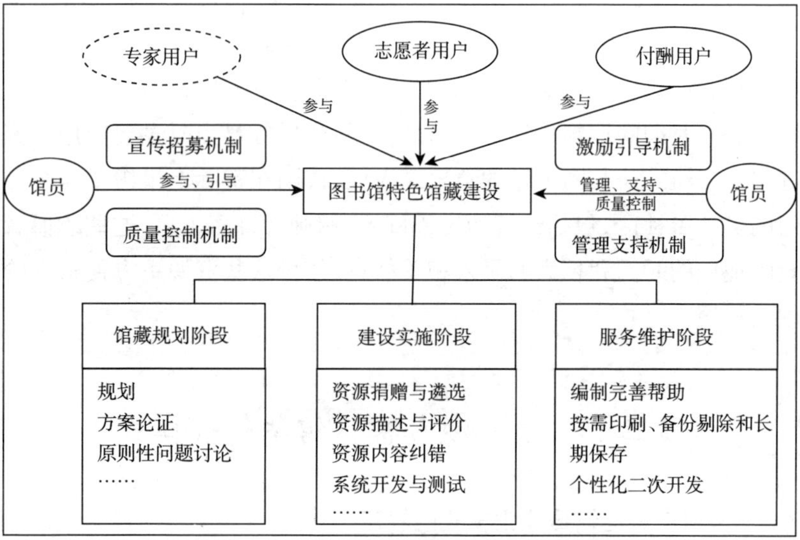

图 6－1　特色馆藏用户参与建设模式

二、专家用户群体的特色馆藏参与建设模式

1. 参与建设内容与方式

专家是指在学术、技艺等方面有专门技能或专业知识的人，一般应该为在某一行业、某一学术领域、某一特殊技能等专一方面被同行、相关人群、领导认可的人物。结合国内外相关实践的分析，特色数字馆藏建设中的专家用户主要可分为三类：①学科专家，馆藏建设具体内容涉及的学科领域的专家；②馆藏建设专家，主要是那些对于馆藏

建设理论研究和实践方面有一定造诣的专家以及资源描述相关的信息组织专家；③信息技术专家，主要是有关数字馆藏涉及的数据库、发布与管理平台等信息技术相关的专家。

这三类专家中，后两类专家用户因为不涉及馆藏的具体学科内容，参与工作一般都处于宏观管理层面，比如馆藏建设前期各类规划、各种方案的论证及相关原则性问题的讨论，其参与成果多以建议方案、可行性报告等方式呈现[41]。馆藏建设专家经过对本馆馆藏情况的调研分析，并结合当前数字馆藏建设的现状及未来发展趋势，对特色数字馆藏中长期发展规划、短期项目规划等提出建议或意见，论证相关馆藏建设项目的价值和可行性。信息组织专家则需为特色数字馆藏资源类型、相关表述元数据、长期保存所需要的元数据等资源描述提出建议或意见。信息技术专家则对特色数字馆藏建设、发布和管理所需的软硬件设施给予强有力的指导。这些专家也可参与特色馆藏建设项目完成后的评估。

学科专家用户在特色数字馆藏建设中的参与工作则相对微观，参与范围也更加广泛，主要体现在：①资源捐赠。学科专家手中都有非常丰富且珍贵的资料资源，其中相当多资料是图书馆没有的，是图书馆构建特色馆藏的有益补充。有的图书馆某个特色数据库甚至完全是基于学科专家捐赠而建，比如西北工业大学图书馆的姜长英数字图书馆。②资源遴选。特色数字馆藏建设过程中，面对庞杂大量的数字资源，要数字化哪些资源，哪些需要优先数字化等都可由学科专家参与遴选，国内外实践中都有较多案例，如美国卡内基梅隆大学图书馆科学史方面的特色馆藏由专家 Henry Posner 收集遴选、北京大学图书馆北京历史地理数据库则由该校历史地理研究所的专家参与资源选择和整理[29]，剑桥大学图书馆的“一战史诗”数字特藏项目也是由相关专家参与推荐数字化内容，挑选相关手稿资料等工作[42]。③资源描述评级纠错等。国外馆藏建设众包实践中，不管是澳大利亚国家图书馆的数字报纸项目,还是美国加利福尼亚州立大学图书馆的数字报纸项目,在参加数字报纸 OCR 识别错误纠错和增加标记等描述性工作的用户中,有 50% 以上的用户实际上就是历史学家和家谱学家[18],2012 年美国犹他州数字报纸项目参与的用户中更有 72% 的用户是家谱学家[43],这说明如果建设的馆藏对于学科专家帮助非常大且专家又有时间的话,某些学科专家愿意参加资源描述、评级和纠错这类微观耗时的工作。

2. 模式适用范围及管理机制

专家用户参与数字特色数字馆藏用户模式主要适用于馆藏建设前期规划、可行性论证、资源描述的元数据体系、技术选择和系统选型、建设后期项目成果评估等较为宏观的工作。从特色数字馆藏的类型来看,“馆藏特色”数字馆藏建设中多数情况下图书馆对自己馆藏情况比用户更熟悉,专家用户层面多处于技术辅助层面,但建设学校特色、学科特色和地方特色三类数字馆藏则需要专家有主导性的参与,也更适合使用专家用户参与模式。

一般而言,专家的日常工作都非常繁忙,对于图书馆数字馆藏建设的参与多在宏观层面(少数学科专家除外)上,与其类型他用户相比,参与的时间也相对较少,有些参与工作都是一次性的,但参与质量比较高,因此专家用户参与建设模式的保障机制中对激励引导、质量控制和管理支持机制措施需求相对较弱,而宣传招募机制则是其中特别需要关注的内容。专家用户的宣传招募机制要解决的是,通过宣传让学科专家知道图书馆正在进行的工作在哪些方面需要帮助,需要哪些资源来补充当前的馆藏建设,通过宣传让馆藏建设专家和信息技术专家了解他们参与的意义和途径。整个工作最需要注意的是专家选择问题,实践调查发现,相当多的特色馆藏建设项目,甚至中长期发展规划都没有聘请专家参与,建设带有很强的盲目性,不具有可持续性,有些特色馆藏建设虽邀请专家参与,但专家选择非常盲目,参与效果不好。因此,在特色数字馆藏建设的前期规划中,应该邀请相关专家参与,在选择专家的时候,不能采用"就近选择"(含"距离接近"和"关系接近")的原则,也不能只根据专家的知名度进行选择,需要根据具体的需要采用尽可能客观的标准选择相关的专家,业界有一些通过计量确定领域专家的方法[44—45]可以参考。由于学科专家用户参与工作内容较多,所耗费的时间比较多,宣传和选择的时候要注意向50岁以上的用户倾斜,美国加利福尼亚州立大学图书馆数字报纸项目参与用户中,50岁以上用户占到了79.9%[22]。

三、志愿者用户群体的特色数字馆藏参与建设模式

1. 参与建设内容与方式

志愿者是指不为物质报酬,基于良知、信念和责任,志愿为社会和他人提供服务和帮助的人。作为非营利性机构,图书馆往往是志愿者较为集聚之处,国外相关调查显示[4]很多用户参与图书馆特色数字馆藏建设目的就是"帮助图书馆这样的非营利性机构"。这里所指的志愿者用户是指那些不为物质报酬,义务参与图书馆特色数字馆藏建设的用户,包括各类志愿者组织名下登记姓名的志愿者,也包括在图书馆登记的志愿者和众多不具姓名的志愿者用户(含众包用户)。志愿者用户的自愿、主动参与极大地推动图书馆特色数字馆藏的建设,是国内外相关实践中最常见和最主要的参与模式。志愿者用户可参与建设内容非常多,基本上可涉及特色数字馆藏建设生命周期的各个环节:

(1)规划阶段。图书馆可将制定的中长期数字发展规划等以合适的方式征询志愿者用户中普通用户的意见和建议,尤其是其中涉及馆藏建设具体内容、服务方式等与用户利用直接相关的部分。另外,鉴于普通用户量上的优势,某些不易确定的内容,如哪些资源需最优先数字化或者资源描述的元数据采用哪些字段更为合适,都可让普通用户以投票的方式决定。

(2)实施阶段。①资源捐赠与遴选。国内很多图书馆的特色数字馆藏的印本资源都是用户捐赠的,其中最多就是各类名人数据库,这些数据库资源要么全部来自于捐赠,要么捐赠对馆藏提供了补充。除此之外,各馆建立的很多特色数据库,如美国普林斯顿大学的钱币数据库、纽约州立图书馆的“饭店菜单”数据库,都是利用志愿者用户捐赠的数字资源建立的。用户也可基于自己学科背景知识帮助图书馆遴选和整理相关的优质资源,如俄亥俄州大学图书馆建立的 Biz 商业维基资源库的商业参考书、网站等都是志愿者用户参与遴选整理的[29]。②资源内容补充。资源内容补充基本上都基于已有资源展开的,具体方式包括:为已有数字图书增加图书内容目录、提要、数字封面照片、部分全文等,如 Open library 的相关工作[46];将数字馆藏中的扫描图片以人工输入的方式转换成文本格式,如英国伦敦大学学院的边沁手稿录入项目[47]、牛津大学波德莱恩图书馆的乐谱录入项目[12];其他方式补充内容,如英国伦敦政治经济学院的 Charles booth 数据库建库时请学生志愿者实地核对 booth 当年调查的街道是否依旧存在,拍摄相关照片并在地图上标记位置等工作[9]。③资源描述评价。资源描述评价是用户借助于 web2.0 相关技术为资源增加标记、评级和评价,为已有数字馆藏资源提供更多的使用和揭示途径,相关案例有很多,如澳大利亚国家图书馆的数字报纸项目和美国国会图书馆的照片标记项目[29]。④数字资源内容纠错,其中最多就是 OCR 识别错误的纠错,志愿者用户比照数字图片纠正 OCR 识别的错误,此类实践项目很多,Rose Holley 博士博客上列出的相关重大项目就有 9 个[20]。

(3)服务维护阶段。特色数字馆藏对外提供服务阶段,图书馆可邀请用户编写或完善馆藏利用相关的帮助,参与相关的参考咨询工作,从用户角度编写的帮助和结合自身经历提供咨询服务将对其他用户有更强的指导意义。图书馆还可根据用户对资源的使用率或用户投票决定哪些数字资源可被剔除,哪些资源需要借助仿真或迁移的方式实现数字资源的长期保存。为使特色数字馆藏发挥更多用处，图书馆也可通过开放接口或数据的方式允许志愿者用户进行二次开发和数据集成服务。

2. 模式适用范围及管理机制

志愿者用户群体参与模式主要适用于馆藏建设的微观操作层面，这些微观层面的特色数字馆藏建设工作，主要分为三类：①图书馆借助于庞大的用户群“集体决定”，如以投票的方式决定元数据集合；②图书馆借助于用户从用户角度对资源和服务进行揭示；③图书馆借助于用户完成只依靠自己的力量无法完成或很难完成的工作，如要建库的资源，图书馆没有或者需要补充，但通过正常购买渠道很难获得，可邀请用户捐赠；图书馆没有建库资源遴选、描述和技术支持所涉及学科领域的人力资源，需相关用户帮助；相关工作工作量级巨大，图书馆无力支持完成，如数字资源 OCR 识别错误纠错，需借助于庞大的用户群分担参与完成。由于大多数情况下，图书馆对能够参与的志愿者用户情况无法清晰把握，对工作进度和工作质量也无法把握，该模式适用于对完成时间无紧迫性要求和对完成质量无明确要求的工作。

由于志愿者都是“义务”工作，志愿者用户群体参与建设模式重点考虑的保障机制是：①宣传招募机制。宣传招募机制要解决的问题是让用户知道在建的馆藏建设项目并充分了解图书馆的困难、用户可参与的工作及参与的重要性，还要通过长效宣传机制不断吸引新用户参与。相关实践研究[48]表明，建立专门的项目网站公布清晰的建设目标和可见的进程表，充分利用主题事件（如特定节日）进行宣传招募可起到很好效果。宣传不但要充分利用宣传彩页等传统媒体，也要充分利用社交网络、手机图书馆等现代媒体。②激励引导机制。Web2.0 环境下，用户参与的动机主要有求知、互惠、交往、兴趣、胜任性心理满足和实用价值等很多种[49]，激励引导机制要做的是针对不同的动机，利用合适的方法激发用户参与和持续参与的积极性，并引导用户以正确的方式实现预想的动机。③管理支持机制。图书馆需要为参与用户提供必要的学习交流平台、技术支撑平台等,使得用户能够方便快捷地参与相关工作并顺利满足参与动机。如果参与工作在相关平台的支持下,能够使参与方式简单有趣,如采用游戏的方式,则参与人数和参与效果都会大力攀升。质量控制机制虽然不是志愿者参与模式的重点关注内容,但如果能利用激励机制和技术支持平台等实现参与用户之间的质检和纠错工作,则能大大提高整体参与工作质量。

四、付酬用户群体的特色数字馆藏参与建设模式

1. 参与建设内容与方式

在图书馆特色数字馆藏建设的用户参与者中,还有一类用户,参与工作可以获得一定的报酬,比如高校图书馆招募的勤工俭学的学生,这里称这类用户为付酬用户。这些用户虽然人数和工作时间不及招募的正式员工,但相比于志愿者用户,他们人员相对固定、工作时间相对固定,也可以固定工作场所,既利于培训交流,也利于工作整体进度的把控,而且这些用户通常都有一定的学科专业背景,工作热情较高,但劳务成本低廉,因此付酬用户群体在特色数字馆藏建设实践的部分工作中广泛应用。

理论上讲,付酬用户可参与前面志愿者用户所有数字馆藏建设工作,但付酬用户更适合参与以下工作:①印本馆藏的数字化扫描和OCR 识别。对于扫描设备,学生工很容易熟悉使用,与参与其他馆藏建设工作相比,扫描和 OCR 识别工作培训成本非常低,国内图书馆特色馆藏建设让学生工参与此项工作很多,美国明尼苏达大学图书馆的绿色革命特色馆藏项目和大学档案项目、普林斯顿大学图书馆 Mudd 手工图书馆项目的扫描和 OCR 识别都是由学生工完成的[50]。②资源描述和元数据整理。数字资源的描述目前主要有图书馆行业描述和用户描述两类,二者互相补充以提供更多途径揭示资源、方便利用。

志愿者用户参与的资源描述大多是从用户角度进行的，付酬用户则可在经过必要的培训之后按照图书馆行业的元数据标准规范对资源进行描述。美国图书馆与信息资源委员会（CLIR）调查发现其下属图书馆在特色馆藏建设中大量使用了学生工，有很多就参与了资源的编目工作[51]。美国北卡罗来纳州大学图书馆的数字南部历史馆藏项目元数据整理、入库等工作都是学生工完成[52]。

2. 模式适用范围及其管理机制

付酬用户群体参与建设模式主要适用于对进度和质量有明确要求的工作，而且由于参与人员人数和参与时间有限，所以付酬用户参与工作的总量也不宜过大，是能在可预见的时间内完成的。付酬用户参与模式的高效高质实施，需要重点考虑建立如下保障机制：①要考虑的是管理支持机制中“培训”机制的建立，要通过合适的方式让这部分用户以最快的速度把握培训内容并能够很好地在实践中付诸实施；②要建立质量保障机制，通过事先设置质量考核标准、培训质量控制规范，事后通过系统检测、用户互查、馆员抽查等方式进行质量检测和修改；③认真思考相关的考核激励机制，为报酬设置合理的工作量，借助于物质奖金、精神奖励、图书馆资源服务权限拓展等方式激励用户更高质量地完成相应工作。

第三节　用户参与特色馆藏建设的保障机制

一、用户的参与动机及影响要素分析

欧盟相关研究表明：图书馆馆藏建设中用户的参与可以丰富馆藏内容，提高馆藏建设的效率，改善馆藏的使用价值，提升馆藏的利用率[53]。实际上，在近年来 Web2.0、Lib2.0 建设大潮影响之下，图书馆在自己资源和服务的工作中也已经引入了一些用户参与机制，较多集

成用户参与特征的 OPAC 频频出现。但是坦率地讲,用户参与度不够,效果也仍有很大的改善空间,与此同时,亚马逊、百度等互联网其他信息服务行业却利用用户参与做得风生水起。对比归结起来,除了图书馆数字馆藏,尤其是其中特色数字馆藏,资源丰富性、系统易用性等方面的外在客观原因外,图书馆为用户参与提供的保障机制不足是产生这一差别的重要“主观”原因。

研究用户参与影响因素,需要了解用户参与动机、激励要素和阻碍因素。相关调查显示:用户参与图书馆馆藏建设的首要动机是“学习知识、积累技能”,其次是“帮助他人、服务社会”,然后是“拓宽社交圈,结交朋友”[54]。澳大利亚国家图书馆对参与用户调查所揭示的用户动机也显示:“帮助他人”“帮助向图书馆这样的非营利机构从而服务社会”是用户参与的主要动机[19]。如果图书馆邀请用户参与的馆藏建设的相关工作正好和用户的研究领域或个人兴趣相吻合,用户在参与图书馆工作中还可以做一些对自己的研究和生活有意义的事情,用户也会积极参与。国外报纸 OCR 识别用户参与项目中,有相当多的参与人员是在相关领域有非常多积累和建树的历史学家和宗谱学家,利用自己的知识帮助图书馆和图书馆其他研究者用户做些事情,也能为自己的研究增添很多资料,利人利己,就容易激发用户的参与。用户参与图书馆这样非营利机构的工作,大多情况下并不是为了获取相关报酬,图书馆及其他馆藏受益用户由衷的感谢就是参与者最期望的激励要素,如果能够有一些荣誉奖励,获得一些图书借阅特殊利用权限则,提供一些技能培训则容易成为动机转化为实际行动的激励要素。对于阻碍因素,调查也显示,缺乏恰当时间是用户参与最为主要的阻碍,另外就是图书馆用户参与工作宣传不到位,用户不知道有可以参与的工作[54]。当然,如果相关参与工作需要用户花较多的时间培训才能获得参与技能,参与人员也会大幅减少。对于付费的用户参与来讲,激励不够吸引力也会阻碍用户参与。国外的相关调查也显示图书馆馆藏建设中用户参与度低的一些原因,比如:用户认为馆藏建设工作是图书馆的事情跟自己无关、用户不了解图书馆哪些馆藏建设工作需要用户、用户认为参与时间成本高、用户认为参与平台和参与机制运行效率低[55]。

二、用户参与保障基础与机制

在图书馆特色馆藏建设中,要想得到用户的参与就需要在充分考虑用户参与动机的基础上,增加用户期望的参与激励并减少用户参与的阻碍,这就是保障用户参与的根本出发点。而要想用户能够持续高效的参与,就需要结合这些出发点建立起用户参与的保障机制。

1. 用户参与的保障基础要素

图书馆在进行特色馆藏项目设计的时候,若想在建设过程中邀请用户参与,首先要考虑的是相关工作主要需要哪类用户的参与,是专家用户还是普通用户,是需要志愿者还是需要付酬,对用户的学历等身份有没有特别的要求,工作是否能够满足这些用户的学习技能、积累知识、服务社会、社会交往等方面参与需求,重点可以满足哪个方面的参与需求,哪些需求需要创造一些条件才能满足;其次需要考虑的是通过哪些方式找到合适的参与用户或吸引到合适的参与用户,此时要重点考虑用户参与可能遇到的困难因素。比如:用户不了解参与渠道,用户没有合适的参与平台,没有参与技能,没有合适的参与时间等。只有解除掉这些困难因素,为用户提供相关足够的支持,才能吸引用户参与。当然,除了消除困难,还要考虑采用必要的激励措施,将用户参与动机转化为具体的参与行为。一般而言,激励大体可以分为荣誉激励、情感激励和利益激励三类主要方式,但对于非营利性机构图书馆的用户参与而言,用户期望的激励方式基本上就是荣誉激励和利益激励,可以是物质的,也可以是精神的,可以是直接的,也可以是间接的,依据参与程度的高低和参与量的多少给参与用户一些特殊的图书馆利用权限则是一种特殊的利益激励措施。尊重、信任、沟通、赞美、关心是情感激励的主要方式,“尊重用户、信任用户”被多个国外实践[20,49,53]认为是吸引有效用户参与的重要因素。当然激励措施并不只是应用在用户吸引招募阶段,在项目的具体实施阶段也需要借助它完成用户持续高效参与的激励。

2. 用户参与的保障机制

所谓保障机制是指为管理活动提供物质和精神条件的机制[56],图书馆特色馆藏建设中用户参与的保障机制也就是为用户持续高效参与提供物质和精神条件。结合上文讨论的用户参与保障基础要素以及“百度知道”、亚马逊的用户参与机制[57—58]和国外图书馆用户参与保障经验,此过程中用户参与保障至少应该具有重点用户寻找招募机制、宣传推广机制、用户激励机制、管理支持机制、质量控制机制构成的保障机制方案(参见图6－2)。

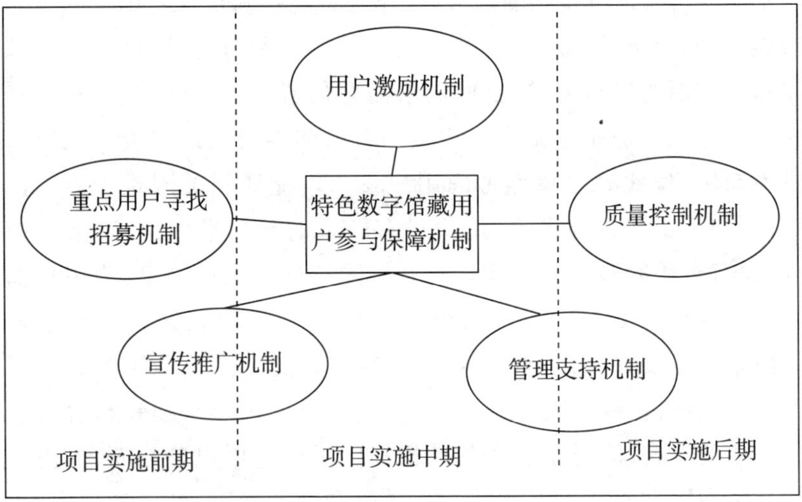

图6－2　特色数字馆藏用户参与保障机制方案

虽然各种保障机制贯穿于项目实施的全过程，但在各个阶段侧重点还有所不同：重点用户寻找招募机制和质量控制机制分别是项目实施前期和实施后期重点关注的内容，用户激励是项目实施过程中重点考虑的内容，宣传推广在项目实施前期和中期都需关注，管理支持则需项目中期和后期皆需关注。

（1）重点用户寻找招募机制

数字特色馆藏建设要想保证用户参与深度和效果，就必须锁定一部分核心参与者，即重点用户，这就需要建立一种重点用户寻找和招募机制。重点用户寻找首先要分析参与工作的类型，是意见征询类参与、资源捐赠类参与，还是资源组织类参与、馆藏及系统纠错维护类参与，参与类型不同，参与所需知识技能储备、参与深入程度、耗费时间等都也都不同，这决定着重点参与用户的不同。其次是根据需要合理地使用领先用户（指那些对图书馆资源服务发展视角有一定的前瞻性，当前的个人需求极有可能成为将来大众需求的用户）、投诉用户（指那些关注和思考图书馆资源服务并经常提出一些建设性的批评和建议的用户）、忠诚用户（指那些在互联网或物理空间中长期持续到访和使用图书馆的用户），并根据参与深度、强度、时间紧迫性、资金等情况确定用户具体参与方式，是志愿者参与还是付酬参与，是专家类参与还是事务性参与，是无确指用户的众包式参与还是有组织的特定用户参与。最后就是根据不同需要寻找和招募合适用户。意见征询类参与的重点用户要在投诉用户、忠诚用户以及领先用户中寻找。对于投诉用户和忠诚用户，重点利用图书馆馆长信箱等处的投诉用户信息和图书馆各系统中记录的高资源利用用户数据，寻找经常提出图书馆现有资源服务问题并深入思考其解决思路的“投诉用户”和经常到馆或利用图书馆或捐赠的“忠诚用户”；对于领先用户则需要在信息服务、用户和信息技术等研究的学者型用户及享受过不同机构信息服务的用户中寻找。对于那些参与强度大、有较高能力需求、时间紧迫的项目则需要考虑寻找勤工俭学等付费用户。

（2）宣传推广机制

宣传推广机制要解决的是通过各种类型的宣传让用户知晓图书馆的特色馆藏建设工作，解决用户参与困难中“不知道在建项目、不了解参与途径”等方面的困难。宣传内容主要包括馆藏建设工作的背景、目标、意义和参与内容、途径，还应该包括项目的进展，相关实践研究表明[20]：用户参与度好的馆藏建设项目都建立专门的项目网站，以公布清晰的建设目标和可见的进程表。建立宣传推广机制时需要注意的是：①在宣传馆藏建设的意义时，图书馆不宜过多地强调自己的需求，而是将用户需求作为数字馆藏建设的重点考虑问题，然后将这些需求及功能转换成馆藏建设的内容。②宣传推广要有强针对性，围绕特色馆藏建设中最需要的用户和最可能的参与用户，仔细分析群体特点，以该群体喜欢的方式进行宣传。宣传途径除了传统的媒体发布会、宣传单册、网站、邮件等方式，还可借助于微信、微博、社交网站、BBS 等新媒体，根据目标群体特点选择合适的宣传途径。③宣传一定要用心，要让用户感觉到宣传的用心。这不但包括宣传内容的设计，也包括宣传时机的考量，借助于时下热门的主题事件、历史庆典、特定节日进行宣传可起到事倍功半的效果。

（3）用户参与激励机制

激励机制是指针对不同的动机，利用合适的方法激发用户参与和持续参与的积极性，并引导用户以正确的方式实现预想的动机。对于激励机制，相关研究成果比较多，很多都有详细的实施策略，这里不再赘述，只强调 2 点需要注意的问题：①项目设计和实施过程中充分尊重和信任用户，虽然荣誉激励和物质激励非常重要，但对用户的尊重和信任是其他重要激励的重要基础和升华剂，而且这种尊重和信任不能仅停留在口头，而应是发自内心的尊重和信任。澳大利亚学者 Rose Holley 总结国外图书馆成功实践后提出图书馆成功实施用户参与的六大原则[48]，其中一个就是尊重和信任用户，而且实践表明信任度越高，用户越努力投入工作，要相信参与用户能够实现自我管理，能够互相帮助和互相监督，特别尊重那些参与工作量大大超过其他人的“超级用户”，倾听他们的建议和意见。②重视“知识提升和技能培养”在物质激励中作用。“知识提升和技能培养”成为用户最期望的激励方式之一，期望给自己特殊的图书馆利用权限大多也出于知识提升的需要。这里的知识提升和技能培养不仅包括为了项目建设需要给予的相关培训，也应该包括作为优秀参与者获得的与项目关系不大但对参与者本人提高很有帮助的培训，可以是馆内培训，也可以是派送到机构外参加的培训。

（4）管理支持机制

特色馆藏建设具体实施过程中，图书馆需要为参与用户消除用户参与的障碍，提供必要的技术支撑平台和顺畅的管理支持机制，以保障用户能够方便快捷的参与相关工作并顺利满足参与动机。一般而言，除意见征询类参与外，只要有较多用户参与的工作，都应设一名馆员专门负责用户参与事宜，并应建立专门的网站用于参与者参与工作、了解项目进展及实现参与用户之间的交流，如果参与工作不依托于网络系统完成，也可以借助于微信群、QQ 群等社交媒体实现项目进展公布和用户间交流。相关研究表明：将馆藏建设项目及其子项目的详细进度清晰地展出给参与用户、支持用户间交流、提供用户参与工作量的排名及个人排名情况，对激励用户积极参与工作有非常明显作用[22]。由于多数用户参与图书馆馆藏建设一般只能利用自己的业余时间，与图书馆工作时间交集较少，图书馆馆藏建设项目如果想用户参与，最好建立利用全天候可用的网络系统，而且如果该系统可以支持手机等手持设备参与，用户参与起来就更方便，也就不会太在意参与时间了。对于需要利用网络系统用户才可以参与的项目，应该保持整体工作环境的直观、快捷、可靠和便于操作，系统运行前必须进行可用性测试和负载可靠性测试，最大限度地简化登录注册过程，提供详细的指导说明（操作说明、用户参与行为规范、帮助文档等）和用户培训，尽可能使参与过程简单有趣。芬兰国家图书馆[25]和丹麦[30]国家图书馆的特色馆藏项目中专门引入了游戏，将枯燥的报纸文本 OCR 错误识别工作和照片主题标注工作融入游戏关卡中，很受参与用户欢迎。在项目建设管理过程中，可以引导参与用户建立虚拟团队，尽可能让用户团队管理用户，并借助于团队竞争推动参与工作质量和进度，这在“百度知道”等互联网平台及国外图书馆实践中都被证明是非常有效的。

（5）质量控制机制

虽然本章一直在强调在图书馆特色馆藏建设项目的用户参与过程中要从内心深处相信用户能够将相关工作做好，但这并不说明用户参与工作不需要质量控制机制。事实上，由于参与用户数量众多、专业知识和技能也有一定的差别，参与完成的工作一般都会存在质量良莠不齐的情况，质量控制机制是非常有必要的。质量控制机制主要分为前控和后控两个阶段：前控阶段可通过事先设置质量标准和质量控制规范，对用户进行质量控制规范的培训，借助于系统提示、控制用户参与过程等方法，尽可能地减少因用户操作不规范出现的错误；后控阶段则主要通过系统检测、参与用户互查、馆员抽查等方式进行质量检测和修改。后控阶段还要通过质量问题的分析，系统归纳那些最容易出现的问题，思考这些问题出现的原因，反馈给前控阶段，根据需要补充原来的质量规范内容，对参与用户进行二次培训、调整系统参数从系统角度规范用户的参与行为，如此往复，实现用户参与内容的最优质量控制。对于参与用户非常多的特色馆藏建设项目，参与用户质量互检或者将质量检查工作也可作为用户参与工作的一部分由另一批参与用户参与开展，则比完全由馆员进行质量控制的效率更高一些，当然对参与质量控制用户的培训需要更细致、更系统。

参考文献:

[1] KAPPELMAN L A, MCLEAN E R. The Respective Roles of User Participation and User Involvement in Information System Implementation Success [J/OL]. [2017-10-27]. http://citeseerx.ist.psu.edu/viewdoc/download? doi=10.1.1.140.2124&rep=rep1&type=pdf.

[2] HOWE J. Crowdsourcing: Why the Power of the Crowd is Driving the Future of Business [M]. New York: Crown Business, 2009: 232-233.

[3] 中小站长要赢在中国:应狠抓网站用户忠诚度[EB/OL]. [2017-05-02]. http://blog.sina.com.cn/s/blog_5ec53 1c80100sl47.html.

[4] HOLLEY R. Collecting, Sharing and Improving Data: Changing Roles for Librarians and Users [C/OL]. [2014-10-10] http://eprints.rclis.org/15714/1/Spain _ collecting% 20sharing% 20and% 20improving% 20data-changing% 20roles% 20for% 20libs% 20and% 20users_april% 202011.ppt.

[5] Europeana[EB/OL]. [2017-10-06]. http://www.europeana1914-1918.eu/en/about.

[6] Crowdsourcing To Transcribe The New York Public Library's Menu Archives[EB/OL]. [2017-10-06]. http://www.psfk.com/2011/04/crowdsourcing-to-transcribe-the-new-york-public-librarys-menu-archives.html.

[7] GUNNARSSON D. Future Proofing the Library Using Expert Crowdsourcing[C/OL]. [2017-10-06]. http://www.slideshare.net/danielgunnarsson/aasl-2014-miami-future-proofing-your.

[8] Kete Horowhenua: About[EB/OL]. [2014-10-06]. http://horowhenua.kete.net.nz/en/site.

[9] User Participation in Digital Library Development [C/OL]. [2017-10-06]. http://www.slideshare.net/digitalfay/user-participation-in-digital-library-development.

[10] Transcribe Bentham[EB/OL]. [2017-10-07]. http://www.transcribe-ben-

tham. da. ulcc. ac. uk/td/Transcribe_Bentham.

[11] Family Search Indexing [EB/OL]. [2017 - 10 - 07]. https://en. wikipedia. org/wiki/FamilySearch_Indexing.

[12] Volunteers Wanted to Describe Bodleian Music Scores Online [EB/OL]. [2017 - 12 - 07]. http://www. bodleian. ox. ac. uk/news/whats-the-score-at-the-bodleian.

[13] Uiowa DIYHistory Transcribe [EB/OL]. [2017 - 10 - 07]. http://diyhistory. lib. uiowa. edu/transcribe/.

[14] ZARNDT F. Crowdsourcing National Digitisation Centre Mikkeli Finland [C/OL]. [2017 - 10 - 07]. http://www. slideshare. net/cowboyMontana/2012-0814-putting-the-worlds-cultural-heritage-online-with-crowd-sourcing-slides.

[15] ROSESANDLER T, CROWLEY B. Crowd-sourcing the Creation of "Articles" within the Biodiversity Heritage Library [C/OL]. [2017 - 10 - 07]. http://www. slideshare. net/trosesandler/lita2011-bh-lcrowdsrcarticles.

[16] Digitization and Enhancement of Biodiversity Literature Through OCR, Scientific Names Mapping and Crowdsourcing [C/OL]. [2017 - 11 - 12]. http://www. slideshare. net/chrisfreeland/digitization-and-enhancement-of-biodiversity-literature-through-ocr-scientific-names-mapping-and-crowdsourcing.

[17] KLIJN E. The Current State-of-art in Newspaper Digitization [J/OL]. [2017 - 10 - 27]. http://dlib. org/dlib/january08/klijn/01klijn. html.

[18] ZARNDT F. Putting the World's Cultural Heritage Online with Crowdsourcing [C/OL]. [2017 - 10 - 10]. http://www. slideshare. net/cowboyMontana/20130321-putting-the-worlds-cultural-heritage-online-with-crowdsourcing-rootstech-2013-17384937.

[19] HOLLEY R. Crowdsourcing and Social Engagement in Libraries: the State of Play [EB/OL]. [2017 - 10 - 10]. http://www. crowdsourcing. org/document/crowdsourcing-and-social-engagement-in-libraries-the-state-of-play/555.

[20] HOLLEY R. Crowdsourcing Text Correction and Transcription of Digitised Historic Newspapers: a List of Sites [EB/OL]. [2017 - 10 - 10]. http://rose-holley. blogspot. com/2013/04/crowdsourcing-text-correction-and. html.

[21] National Library of Australia Newspaper Digitisation Program [EB/OL]. [2017 -

10 – 10]. http://www. nla. gov. au/content/newspaper-digitisation-program.

[22] HOLLEY R. Collecting, Sharing and Improving data: Changing Roles for Librarians and Users[C/OL]. [2017 – 10 – 10] http://eprints. rclis. org/15714/1/Spain _ collecting% 20sharing% 20and% 20improving% 20data-changing% 20roles% 20for% 20libs% 20and% 20users_april% 202011. ppt.

[23] Trove Stats for Environment: Prod[EB/OL]. [2017 – 08 – 26]. http://trove. nla. gov. au/system/stats? env = prod.

[24] Viridian Digital Library System[EB/OL]. [2017 – 09 – 21]. http://veridian-software. com/.

[25] WATTERS A. National Library of Finland Turns to Crowdsourcing, Games to Help Digitize Its Archives[EB/OL]. [2017 – 09 – 21]. http://www. readwriteweb. com/archives/national_library_of_finland_turns_to_crowdsourcing. php.

[26] What's Recaptcha? [EB/OL]. [2017 – 09 – 21]. http://www. google. com/recaptcha/learnmore.

[27] CAI Y, THENG Y L, CAI Q, et al. Crowdsourcing Metadata Schema Generation for Chinese-Style Costume Digital Library[J]. International Conference on Asian Digital Libraries, 2012, 7634: 97 – 105.

[28] QUINT B. New Lending Model for Ebooks in Libraries from Internet Archive's OpenLibrary. [EB/OL]. [2017 – 10 – 10]. http://newsbreaks. infotoday. com/NewsBreaks/New-Lending-Model-for-Ebooks-in-Libraries-% 20from-Internet-Archives-OpenLibrary-74197. asp.

[29] 李书宁. 用户参与的数字资源建设研究[J]. 图书馆杂志, 2011(12): 21 – 25.

[30] THØGERSEN R. Crowdsourcing for Image Metadata: a Comparison between Game-generated Tags and Professional Descriptors[D/OL]. [2017 – 10 – 10]. https://oda. hio. no/jspui/bitstream/10642/1267/2/Thoegersen_Rasmus. pdf.

[31] SPRINGER M, DULSBAHN B, MICHEL P, et al. For the Common Good: The Library of Congress Flickr Pilot Project[R/OL]. [2017 – 10 – 06]. http://www. loc. gov/rr/print/flickr_report_final. pdf.

[32] Library of Congress Photos on Flickr[EB/OL]. [2017 – 10 – 06]. http://www.

loc. gov/rr/print/flickr_pilot. html.

[33] EARLE E. Crowdsourcing Metadata for Library and Museum Collections Using a Taxonomy of Flickr User Behavior [D/OL]. [2017 - 10 - 06]. https://dspace. library. cornell. edu/bitstream/1813/36010/1/efe4. pdf.

[34] O'STEEN B. A Million First Steps. British Library Digital Scholarship Blog[EB/OL]. [2017 - 10 - 06]. http://britishlibrary. typepad. co. uk/digital-scholarship/2013/12/a-million-first-steps. html.

[35] MULATININGSIH B, RAUNIK A, PARTRIDGE H. User Participation in the Categorisation of the State Library of Queensland Digital Image Collections: Characteristics, Motivations and Experiences [J/OL]. [2017 - 10 - 06]. http://eprints. rclis. org/17997/1/Mulatiningsih_Raunik_Partridge_Wikimedia. pdf.

[36] Winners: Best Use of Crowdsourcing for Description [EB/OL]. [2017 - 10 - 06]. http://www. archivesnext. com/? p = 1557.

[37] British Library Metadata Games[EB/OL]. [2017 - 10 - 06]. http://www. metadatagames. org/british-library/.

[38] WILLSHAW G. Metadata Fun and Games[EB/OL]. [2017 - 10 - 06]. http://libraryblogs. is. ed. ac. uk/blog/2014/08/29/metadata-fun-and-games/.

[39] 黄勇,钟远薪. 基于 Wiki 的数字资源建设知识库[J]. 图书馆,2008(3):69 - 70.

[40] OWENS T. The Crowd and the Library[EB/OL]. [2017 - 10 - 12]. http://www. trevorowens. org/2012/05/the-crowd-and-the-library/.

[41] CLAYTON P. User Involvement in Academic Library Strategic Planning: Congruence Amongst Students, Academic Staff and Library Staff at the Canberra College of Advanced Education [D]. Bruce: Canberra College of Advanced Education, 1988.

[42] LINDSAY K. The First World War Poetry Digital Archive[R/OL][2017 - 11 - 23]. http://www. jisc. ac. uk/media/documents/programmes/digitisation/ww1finalreport. pdf.

[43] BRIAN G, FREDERICK Z. What Motivates Library Crowdsourcing Volunteers? Experiences at the California Digital Newspaper Collection and the Cambridge

Public Library Newspapers Collections[C/OL].[2017－11－20]. http://www.slideshare.net/cowboyMontana/what-motivates-library-crowdsourcing-volunteers-20130630-ala-lita.

[44] 贺颖,邱均平.基于科学计量的同行评议专家遴选系统模型构建研究[J].图书情报工作,2011(14):28－31.

[45] 张新华,余驱美,张凯军,等.同行专家的遴选与配置方法探讨[J].中华医学科研管理杂志,1994(1):38－41.

[46] QUINT B. New Lending Model for Ebooks in Libraries from Internet Archive's OpenLibrary[EB/OL].[2017－01－10]. http://newsbreaks.infotoday.com/NewsBreaks/New-Lending-Model-for-Ebooks-in-Libraries-% 20from-Internet-Archives-OpenLibrary-74197.asp.

[47] Transcribe Bentham[EB/OL].[2016－10－18]. http://www.transcribe-bentham.da.ulcc.ac.uk/td/Transcribe_Bentham.

[48] HOLLEY R. Crowdsourcing: How and Why should Libraries Do it[J/OL].[2016－11－28]. http://www.dlib.org/dlib/march10/holley/03holley.html.

[49] 常静,杨建梅.百度百科用户参与行为与参与动机关系的实证研究[J].科学学研究,2009(8):1213－1219.

[50] ERWAY R. Rapid Capture: Faster Throughput in Digitization of Special Collections[R/OL].[2017－11－26]. http://www.oclc.org/research/publications/library/2011/2011－04.pdf.

[51] AMY L, CHRISTA W. Cataloging Hidden Special Collections and Archives-Student Engagement[C/OL].[2017－01－10]. http://www.slideshare.net/MARAC_Bethlehem/clirhiddencollectionsstudentengagement.

[52] HOLLEY R. Tagging Full Text Searchable Articles: an Overview of Social Tagging Activity in Historic Australian Newspapers August 2008—August 2009[J/OL].[2016－11－02]. http://www.dlib.org/dlib/january10/holley/01 holley.html.

[53] HUIJBOOM N, BROEK T V D, FRISSEN V, et al. Public Services 2.0: the Impact of Social Computing on Public Services[R/OL].[2016－10－21]. http://ftp.jrc.es/EURdoc/JRC54203.pdf.

[54] 李书宁. 特色数字馆藏用户参与保障机制研究[J]. 图书情报工作,2017(3):61 - 66.

[55] SRIDHAR M S. User Participation in Collection Building in a Special Library: a Case Study [J]. IASLIC bulletin,1983(3):117 - 122.

[56] 李以渝. 机制论:事物机制的系统科学分析[J]. 系统科学学报,2007(4):22 - 26.

[57] 刘佳,李书宁. 百度“知道”用户参与激励机制及其对图书馆相关工作的启示[J]. 图书与情报,2013(2):69 - 73.

[58] 李书宁. Amazon 用户参与机制及对图书馆的启示[J]. 图书情报知识,2015(3):46 - 52.

第七章　高校图书馆用户荐购的实施

高校图书馆和公共图书馆均是我国图书馆的主要类型，都是保存文献资源、提供资源服务的重要阵地，但两者在主要职能、服务模式、资源建设等方面又存在一定差别。高校图书馆主要是为高等学校教学和科研服务的，服务对象是教师和学生，需求相对集中和专业化；公共图书馆是为广大市民提供资源和服务的，服务对象从儿童到老人，较为广泛。相应地，公共图书馆的馆藏资源也是更为广泛和大众，更多地满足广大市民阅读和学习的需要。高校图书馆的主要定位则是满足、推进高校教学和科研的发展，馆藏资源也以学习、专业和科研为主，而且图书馆需要随时关注并收藏最新的文献资源，对一些专业书籍和资料及时做出反应，从而为教师和学生的科研、学习提供充足的保障。评价高校图书馆服务效能的主要指标是为教学与科研活动提供的支撑、主攻专业学科的资源建设覆盖率等。所以，高校图书馆在资源配置上以学校的学科特点为原则，内容和数量也以各学科的实际需求为依据，对采购人员的专业背景和科研水平都有较高要求。

我国高校图书馆普遍存在藏书量较少，资源单一，馆藏资源质量不高，馆藏基础较为薄弱等问题。虽然各馆都有自己的馆藏建设原则和制度，但由于对资源配置的科学性、针对性和预测性判断不够准确，加之采访馆员队伍的能力有限，使得高校图书馆的馆藏建设缺乏长远性，采购存在一定的盲目性，采购资源不能很好地满足用户的实际需求。同时，随着新技术新载体的大量出现，文献信息量正在呈指数增长。虽然高校图书馆的资源建设经费也在增长，但增长速度显然与信息资源的增长速度差距较大，海量信息资源的激增与有限文献资源经费之间的矛盾也更为突出。用户驱动采购理念的引入和实践,可以有效提升馆藏资源的质量,尤其是可有效地缓解海量资源与有限经费之间的矛盾。另外,高校图书馆用户荐购的实施,扩大了资源采购的范围,而非仅限于馆配图书供应商单一渠道。同时,海量的纸质和电子资源极大地拓展了图书采购的范围,师生可采购到任何所需图书,使图书采购工作随时都可以进行,有助于克服传统营销模式中的主观性、盲目性,有效保障了有限经费对用户需求的满足度。用户荐购的实施,还可以提升教学和科研课题的时效性、提升边缘性学科和跨学科服务的精准性。所以,用户荐购服务是保证高校图书馆文献资源建设的必要手段,是高校图书馆文献采访工作的重要组成部分,一直受到高校图书馆的重视。

长期以来,高校图书馆不同程度地开展了圈选订单、发放推荐信息表、现场荐购等传统方式的荐购服务,但涉及面有限,更多地适用于教师和学者,新生代大学生参与度较低。新生代大学生多数已是“〇〇后”“千禧一代”“数字土著”,他们的涉猎和需求更加广泛,采访人员越来越难以判断他们的喜好和需求;同时,他们也更追求实时性、便捷性,更习惯于手机阅读和实时互动。所以,高校图书馆要顺应新的信息环境和用户需求的变化,在传统荐购方式之外,开发和建设新的荐购系统和平台。

荐购系统作为一种荐购方式,有着口头荐购、填写荐购单、邮件、微信等其他荐购方式所无法比拟的专业性、规范性、快捷性和便利性,而且有利于后续处理和反馈,因此越来越多的图书馆采用了荐购系统作为读者荐购的有效工具和实现方式。根据调查研究显示,目前国内图书馆所采用的荐购系统大致可分为三类:一是图书自动化管理系统集成的荐购模块,如汇文系统自带荐购模块、Unicorn 系统荐购模块等;二是商业公司制作的专业化荐购系统,如 ProQuest 外文电子书荐购平台、威博林图书推荐系统等;三是图书馆自行开发的荐购系统[1]。不管是哪种类型的荐购系统，都有各自的优缺点，比如有的荐购页面仅供填写登录信息和读者所推荐书刊的简单信息，没有图书推荐一览表，也没有显示图书馆员的回复情况，这样很难与读者进行沟通，也很难对荐购信息进行深层次分析。还有的荐购系统未与图书馆自动化系统相结合，不能与图书馆原有馆藏进行比对查重。另外，很多图书馆荐购系统仅是图书馆原有纸质推荐书单的电子形式，未进行有针对性的深入开发，功能实现也较为单薄。但是其中不乏一些开发和建设较好的荐购系统，为图书馆的资源荐购服务提供了方便快捷的途径和平台。

第一节　图书馆自动化系统中的荐购模块

图书馆自动化系统是对图书馆进行全面管理的系统。它是随着社会生产的发展和科学技术特别是计算机技术和通信技术的进步而发展起来的[2]。图书馆自动化系统一般分为图书馆业务自动化系统和图书馆管理信息系统两大类。图书馆业务自动化系统主要包括采访系统、编目系统、典藏系统、流通系统、连续出版物管理系统、参考咨询系统等；图书馆管理信息系统主要包括人事管理信息系统、财务管理信息系统、物资管理信息系统。目前，各馆采购、建立和使用较为成熟和广泛的主要是图书馆业务管理系统，业务管理系统涉及图书馆采访、验收、编目、典藏、流通等整个文献资源建设流程，已然成为图书馆必不可少的重要部分，是图书馆工作和用户使用图书馆都必备的系统。图书馆自动化系统，尤其是业务自动化系统是图书馆为用户提供资源和服务的必备技术手段，而且随着技术的不断发展和进步，越来越多的软件和功能还在不断地扩充、整合到图书馆的自动化系统中。

图书馆自动化系统先后经历了单机脱机系统、自动化联机系统、自动化集成系统等阶段。目前我国高校图书馆购买的自动化集成管理系统都是经过十几年改进和发展的较为成熟和先进的自动化系统。即便如此，由于用户荐购的理念和功能提出和实践的时间有限，各个图书馆自动化系统中的建设情况也不尽相同。有的自动化系统中带有读者荐购模块，但是在使用过程中发现这些荐购模块功能较为简单，一些高校图书馆使用的自动化系统中甚至没有明确的荐购模块，读者只能在“公告与留言”模块给图书馆留言进行推荐，推荐的书目或者电子资源往往与其他的留言混在一起，需要采访人员从里面筛选并人工回复，而且页面极为简单，远不能满足读者荐购的需求。再如使用范围较广的ILAS软件，其读者荐购模块也存在检索不便、接发征订目录易出错、缺少书目发布和书评处理功能等诸多问题。

一、金盘图书馆集成管理系统

金盘图书馆集成管理系统（GDLIS）是清华大学光盘国家工程研究中心下属的北京金沙汇科技有限公司在1995年研制的图书馆集成管理系统，发展至今已有四代产品问世。四代产品的升级和改进情况，详见表7－1：

表7－1　GDLIS升级情况

比较项目	GDLIS	GDLISWIN	GDLISXP	GDLISNET
技术平台、开发工具	技术支持为终端平台DOS；网络平台Novell；数据库平台FoxPro for DOS；开发语言FoxPro	技术支持为终端平台Windows 95/98；网络平台Windows NT；数据库平台FoxPro for Windows；开发语言Visual FoxPro	技术支持为终端平台Windows 98/2000/XP；网络平台Windows 2000/XP；数据库平台SQL Sever 2000/2005；开发语言Delphi 6	技术支持为终端平台Windows 98/2000/XP；网络平台Unix；数据库平台Oracle；开发语言C#和JAVA

续表

比较项目	GDLIS	GDLISWIN	GDLISXP	GDLISNET
体系结构	文件共享	文件共享	C/S 二层和 B/S 三层	C/S 二层和B/S 三层
管理模式	单馆单层次	单馆单层次	多馆多层次管理模式	多馆多层次管理模式
系统采用字符集	GBK 大字符集不支持多文种	GBK 大字符集不支持多文种	GBK 大字符集不支持多文种	UNICODE 通用字符集支持多文种
系统稳定性、可靠性	不稳定、不可靠	较稳定、可靠	稳定、可靠	稳定、可靠、安全
实现功能	采购编目、典藏、期刊管理、图书流通、数据查询、技术维护等传统业务的计算机管理	传统业务的自动化管理	新增加的系统功能:阅览室管理;情报检索;Z39.50 协议、联合编目;ISO ILL 10160/10601 协议、馆际互借;多馆多层次模块等	支持多语种、支持自助还书以及各个模式功能的升级。如:选书中增加了“标准编辑 + 题名”多条件馆藏查重功能;“超期催还”中增加给单个读者发邮件功能;“读者照片管理”支持摄像头直接拍照等

续表

比较项目	GDLIS	GDLISWIN	GDLISXP	GDLISNET
系统特点	单模块的单一功能到多模块的多功能转变。特征是以公用的书目数据库为核心，整合各模块构成一个比较全面的集成系统	系统的核心仍然以健全图书馆各业务模块和完善其功能为主，组织管理和提示印刷型文献资料由提供单个图书馆资源向提供多个图书馆资源的转变，增加了读者服务功能	提供馆藏书目资源拓展到提供多种网络资源和多媒体资源，重点从图书馆管理各模块的集成，扩展到对不同类型资源的整合并提供网络服务	从注重图书馆业务转向注重服务方式的创新
购入经费（或者用户升级）	4 万元	4 万元	8 万元（老用户升级 4 万元，5 年后升级费用每年 2500 元）	20 万元（老用户升级 12 万元，5 年后升级费用每年 5000 元）
高校图书馆需求（系统初入市时）	传统业务的计算机管理	传统业务的自动化管理	馆际资源的共建共享；多元信息服务方式	传统图书馆向数字图书馆转型
需求满足程度	满足	满足	基本满足	难以满足

由此可见,GDLIS 系统的升级仅是一些功能的改进,而对一些根本性的问题仍然没有解决,尤其是嵌入问题不够完善,对一些新的理念和功能的实现更是没有涉及,比如荐购功能就没有体现。

二、汇文文献信息服务系统

汇文文献信息服务系统(以下简称汇文系统)是国内具有代表性的图书馆自动化管理系统,其应用较为广泛。汇文系统的读者荐购是一种基于表单式的推荐。读者通过身份验证登录荐购系统,将书目信息以表单形式提交,由采访馆员回复和决定是否采购。目前其基本功能主要包括:①读者认证和荐购,即读者首先需进行有效身份注册和验证,之后才可进入系统填写推荐表单。其中需要填写的书目信息包括:题目、责任者、出版社、出版年、语种、ISBN 和推荐理由,以及 E-mail 地址,填完提交即可。②征订书目集成导入,由采访馆员将合作书商发送的征订书目导入图书馆自动化管理系统,读者登录荐购系统,可按照书目发布时间和中图法两种分类方式浏览,如有需要的书刊直接点击并填写荐书单。③图书馆采访馆员审核,即采访馆员登录汇文系统,在“荐购文档”中查询读者通过征订目录推荐的书刊,在“读者荐购”中查询读者另外推荐的书刊。④读者荐购历史查询,不仅读者可以查询和参考其他读者推荐的书目信息和书目采购状态,采访馆员也可以查看荐购历史,有效控制工作进度。此外,系统还提供了自动查重功能和荐购信息回复功能,其中查重的条件包括题名、责任者、出版社和 ISBN 等,并有前方匹配和完全匹配两种方式。对于读者荐购的信息,采访馆员会在审核后予以回复,而关联订购的功能可以使读者跟踪书刊到馆、编目、加工的每一个状态。不过,目前汇文系统荐购模块也仍存在着缺少读者荐购查重、征订书目库资源少、荐购资源类型较少、缺少荐购指南等问题,有待进一步的开发。

三、北邮 MELINETS 系统

MELINETS(Modern Electronic Library Information and Nets System)系统由北京创讯未来软件技术有限公司开发研制，迄今已升级到第三代。该系统主要分为图书馆业务应用系统、区域资源合作共享应用系统和行政业务管理系统三部分功能，其中图书馆业务应用系统包括采访子系统、编目子系统、典藏流通子系统、连续出版物子系统、公共检索子系统。MELINETS 系统的第一代和第二代产品均不具有用户荐购的功能，第三代产品始有专门的读者荐购功能和模块。在使用过程中，读者登录公共检索系统，进入购书推荐菜单，通过征订目录推荐和读者自推荐两种方式进行荐购。

读者自推荐是读者自行填写书名、作者、出版社等图书信息进行推荐的方式。征订目录推荐是以书商提供的图书信息为基础，经采访馆员转入采访征订目录，读者从中选择自己需要的图书进行推荐。读者选中要推荐的图书，点击推荐，在一系列图书都推荐完成后，点击查看本次推荐书目，核对自己所推荐的图书，图书信息均正确无误后，点击推荐确认，此时图书正式推荐成功。采访馆员进入采访系统点击新书预订菜单，可看到读者推荐的图书，可在回复读者信息中给读者留言，也可给读者发送邮件。采访馆员在对读者荐购的信息进行查重后，点击订购按钮进行订购。图书上架后，可以给荐购的读者发送催借邮件，如果读者未借阅还可再次催借。如果非荐购读者第一个办理借阅，系统会做出图书已被荐购预约的提示，提醒读者暂不能借阅此图书。

四、ILAS 图书馆自动化集成系统

ILAS(Intergrated Library Automation System)是文化部于 1988 年作为国家重点科技项目下达，由深圳图书馆承担并组织开发的图书馆

自动化集成系统[3]。ILAS II 具有采访、编目、流通、公共目录查询、连续出版物管理、检索服务和 Web 接口功能，且提供规范文档控制和处理功能[4]。但是，也存在着界面不够人性化、统计能力不强、批处理功能缺失等问题。在资源荐购方面，ILAS II 系统可以提供读者荐购书目的导入、导出，图书的订购、退订等基本功能。读者可以根据书目信息向图书馆推荐自己所需要的文献，提出自己的采访意见，采访馆员会对荐购信息进行审核处理，但是 ILAS II 系统不支持荐购信息的回复功能，即图书馆是否采购及其他的处理情况无法及时有效地传达给荐购的读者。这在很大程度上降低了荐购的质量。图书荐购意见在采访的过程中是相当重要的，读者荐购意见直接反映读者的需求从而影响馆藏质量[5]，而图书馆对荐购信息的处理则需要直接服务于荐购读者，满足其使用需要。荐购者不能及时获取处理结果，则直接影响荐购资源的使用和荐购结果的应答。另外，ILAS II 系统还无法对全部荐购目录进行检索，必须逐期进行检索，给读者和工作人员带来不便。

五、Interlib 图书馆集群管理系统

Interlib 图书馆集群管理系统是新一代的图书馆自动化系统，采用开放的多层结构体系，基于 Internet 实现传统业务管理与海量数字资源管理的结合，体系开放，超过三层的结构：数据库核心层、图书馆业务处理层、应用服务层、Web 用户界面层，使系统的伸缩性和安全性得到极大提高[6]。在功能方面，有读者网上荐购和图书到馆信息回复等功能。

此外，国内图书馆引进使用的国外的图书馆集成管理系统主要有 Epixtech 的 Horizon、Sirsi 的 Unicorn、Innovative 的 Millennium 以及 Ex libris的 Aleph 500 等。这四个系统均提供读者荐购功能，其中 Unicorn 系统较为重视与读者的沟通，有专门的读者请求模块，荐购方式细分为新书推荐和复本推荐，馆员可在该模块直接回复，图书收登后通过后台报表由系统自动通知荐购者优先借阅。Millennium 系统把读者荐

购放到 OPAC 上,有题名、著者、出版者 3 项,没有 ISBN、版本、出版年等项,也没有读者联系栏,给荐购者的反馈信息缺少回复的途径。另外,Millennium 系统中还集成了荐购、预约、图书到期提示等功能。Aleph 500 提供 E-mail 和表单两种荐购途径。如果读者采用表单格式荐购,所输入的内容能直接形成 MARC 数据,但也缺乏反馈途径[7]。

除上述图书馆自动化系统之外,国外已经或正在研发的下一代图书馆自动化系统主要有 Ex Libris 公司的 Alma、Innovative Interface 公司的 Sierra、开源计划 Kuali OLE、OCLC 的 WorldShare Management Service(WMS)、Serials Solutions 公司的 Intota 以及 VTLS 公司的 Open Skies。新一代的图书馆自动化系统对各类资源进行工作流程的重新定义、设计、分析、合并和重组,统一各种类型资源的管理流程。在采购环节,支持各种模式的资源选择与采购,特别是支持电子资源的用户驱动采购模式,增加了用户参与的功能。用户驱动采购在系统中得以更全面、便捷地实现。

第二节　商业公司开发的专业荐购系统

除图书馆自动化系统之外,高校图书馆和一些公司也开发了专门针对读者荐购的专业软件。目前笔者调研的软件主要有:Proquest 外文电子书荐购平台、Proquest 视频荐购平台、畅想之星、易阅通、杭州麦达、彩云、威博林(Weblink)图书推荐采访系统、武汉大学开发的中文图书荐购系统等。

一、数字资源荐购系统

1. Proquest Ebook Central 读者荐购及电子书平台

Ebook Central(EBC)平台是美国 ProQuest 公司的产品,由原

Ebook Library(EBL)及 ebrary 合并而成,收录全球 1000 多家大学出版社、出版商、学术出版机构等出版的超过 100 万种电子书,覆盖范围广泛,囊括各学科领域。

ProQuest Ebook Central 电子书购买模式灵活,购买方式主要有永久买断(可单本挑选)、短期借阅、用户驱动采购和年度访问四种。永久买断(PA),即一次购买,永久使用,同纸本书的购买类似,形态是电子书。短期借阅(STL)包括 1 天至 7 天、2 周、4 周不等,根据借阅时间的长短,收取相应的费用,可用文献传递经费。用户驱动采购(PDA)是读者通过终端设备免费访问电子书 5 分钟,图书馆根据读者点击率和推荐购买图书。年度访问(SUB),即每年付费购买当年或下年度使用权。EBC-Academic Complete 综合学术类书库有 14 万余册图书,分 10 个子学科,平均每本每年的访问权约需 1 美元。

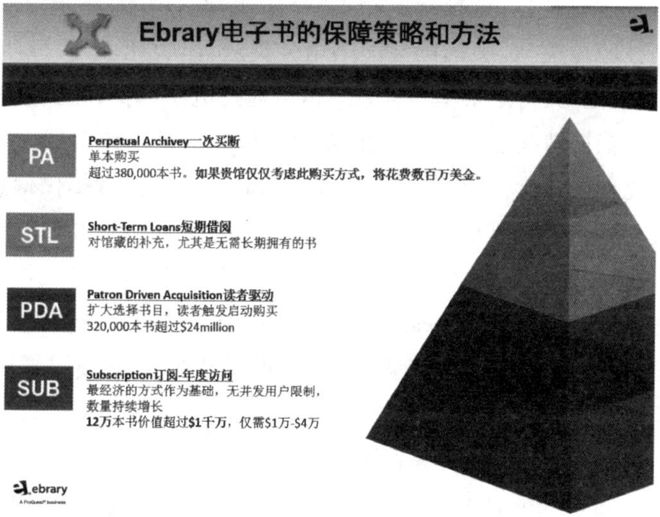

图 7－1　EBC 电子书的保障体系

目前,国内诸多高校、科研机构已经开始用用户驱动采购(PDA)

模式为读者提供外文电子书服务。ProQuest Ebook 平台上目前包含全世界 1000 多个出版社的 100 多万本书，支持以 PDA 的方式购买。用户驱动又分为馆员干预、批复购买请求（Mediated）和自动触发购买（Unmediated）。馆员干预、批复购买请求方式主要是该平台为了满足韩国、日本等母语为非英语的国家的图书馆需求，近年来才开发应用的。其流程是馆员根据读者提交的荐购请求，在 LibCentral 后台购买或者拒绝购买某一本，馆员有审核和批复的权限。而自动触发购买方式在批复购买请求方式之前出现，一直是美国和澳大利亚高校图书馆经常采取的一种购买方式，读者可以阅读平台上每一本书的内容，阅读 5 分钟、打印、拷贝、下载后，系统自动购买。这种方式被称为触发购买的方式。

批复购买请求方式需要前期对荐购的条件进行设置，图书馆可以根据本校学科特色，选择开放相关学科的电子书给读者；图书馆还可以限制杜威分类号、美国国会图书馆分类法、出版社、出版日期、语种选择、价格范围、特定书单等信息。馆员通过电子邮件，收到读者的荐购请求。根据情况登录管理员的界面进行购买批复或对读者的再次确认。此种模式操作简便，避免了以往读者对书的推荐提供信息不全的弊端。电子书批复后，系统会自动发送邮件给读者，告知已经可以看到全文信息，保证了荐购信息的及时回复，及时为科研人员提供了图书的获取。另外，ProQuest Ebook 提供电子书的长期存档，馆员可以用管理员的账号和密码登录 LibCentral 管理平台下载需要存档的图书。

2. Alexander Street 视频荐购平台

Alexander Street（AS）创建于 2000 年，致力于珍贵学术视频、原始档案资源的收集和整理，让这些宝贵的资源为人所知。该公司 2016 年被 ProQuest 收购。Alexander Street 是一个学术视频资源库，内设人类学、商业、心理咨询和治疗、故事片和电影研究、人文、音乐和舞蹈、新闻和时政、科学和医学、社会科学、澳大利亚和新西兰等栏目。

AS 视频库的购买方式主要有年度租用和永久买断两种。目前在国内，由 DRAA 组团年度租用 AS 学术视频在线数据库（Academic Video Online），永久买断较多的是 Music and Dance Online；2017 年提供给图书馆试用的是 Fashion Studies Online。AS 学术视频在线数据库包含所有学科的 47 000 个视频（每年增加 400 个），年度订购的高校，每年可根据需要免费挑选 11 部视频，作为永久使用。

同时，Alexander Street 也提供 PDA 方式。AS 学术视频库中约有 36 000 个视频，其中可供用户选择做用户驱动的视频资源都是得到出版社授权允许。图书馆可以挑选一些视频开放给读者做 PDA，比如按照出版社、学科或特定视频等进行挑选；馆员还可以在管理端下载 MARC 数据。AS 平台支持 Single sign-on 获取 MARC 和 COUNTER4 的统计报告。无须安装费用和预付，读者可以无限制的使用视频资源，同时图书馆还可设定自动触发的总金额，以方便控制预算，随时调整。为了便于馆员监控，该平台提供详细的管理界面，馆员可以查看读者信息，以及哪一个视频被触发。自动触发的条件为同一个标题被第 4 次使用并超过 30 秒钟，馆员还可以预先设定被触发的标题是自动购买年度使用权还是永久买断。

3. 畅想之星电子书

畅想之星电子书是由北京畅想之星信息技术有限公司研发的电子书产品，目前已经有 400 余家供货商入驻，拥有中文电子书、民国电子书和古籍电子书。中文电子书总量超过 28 万品种，按照学科和中图法进行分类，另外还有 7 万种古籍、7 万种民国时期文献和 3 万余种地方志。每周更新 2000 种，每年更新不低于 10 万种。同时，畅想之星电子书推出了纸电一体化服务，提供超过 128 万条可供纸书数据，让纸书和电子书业务更加协同。采访工作人员可以在采购电子书的时候，同步采购其纸本图书。同时在纸书采购的时候，也可以配送电子图书。

畅想之星电子书平台支持纸书和电子书的荐购服务。读者可以通过 PC、移动设备(手机、平板)、App 和微信、电子墨水屏阅读器、智能触控一体机等方式阅读电子书,并提供纸本书和电子书的荐购功能。图书馆管理员可以在后台查询读者的荐购情况,并决定是否采购,还可以统计读者的使用情况。读者检索到的电子书如果图书馆未购买,则可以进行荐购。荐购的电子书可以试读正文的前 10 页。

图 7－2　畅想之星电子书荐购页面

另外,畅想之星电子书平台还提供电子书的 PDA 模式,即以读者需求为中心驱动电子书的采购。读者每阅览一本未购买的电子书,即视为图书馆已经采购。系统还可以对 PDA 电子书的类别,以及读者在某一时间段内 PDA 电子书的册数和总金额做控制，防止读者恶意购买。

4. 易阅通

易阅通平台是中国图书进出口(集团)总公司研发的数字资源交易与服务平台。易阅通平台聚合的数字资源覆盖人文社科、自然科学、STM 等众多学科领域，包含大量中外文数字资源，超过 700 家国内外出版社和集成商的出版物。此外，该平台提供推荐功能。用户首先在 IP 段范围内注册账户，然后可用此账号向图书馆推荐自己喜欢或需要的图书。如图 7－3 所示：

图 7－3　易阅通平台的推荐出版物界面

推荐成功后，能够在“我的推荐”中查看到资源推荐的相关信息，推荐将不同类型的资源分开展示，该推荐也会出现在图书馆管理员的“机构推荐”页面。还可进行推荐信息管理，包括在推荐范围内搜索出版物及浏览其详细介绍页等。

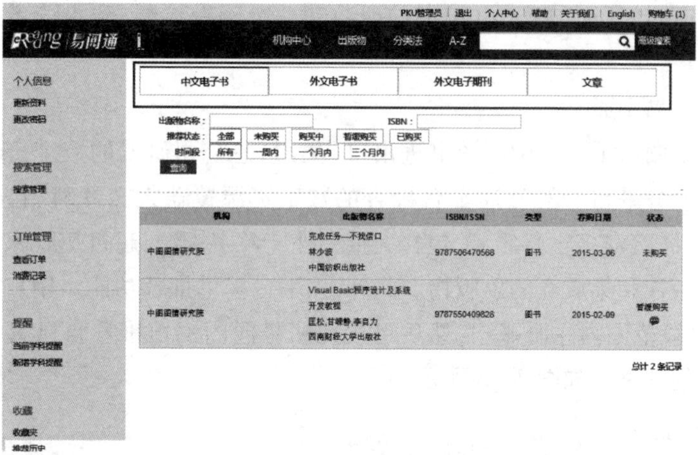

图 7－4　在易阅通平台查看推荐信息

二、纸电融合平台

随着馆配市场的快速发展，如何优化图书馆与馆配商合作模式，突出图书馆在采访工作中的主体地位，实现图书采访工作各环节的顺畅对接，提高图书馆馆藏资源建设能力，及时满足读者的需求，已经成为图书采访工作亟须探索的现实问题。对于采访工作人员来说，在整个采访过程如何获取读者需要的图书，以及如何保障学科建设并收全重点学科图书等也成为工作的重点。目前采访工作人员获取图书采访数据的主要途径来自馆配商每周发送的书目数据，这些数据大多不全，而且重复，使用这些数据不仅加大了采访工作人员的工作量，也不利于采访工作的开展。同时，馆配商为了获取订单而一味地压低折扣，在中标后无法发放折扣较高的书目数据，采访工作人员则无法获取到全书目数据。另外，高校图书馆的纸质图书的借阅率每年都呈下降趋势。为了保障图书的借阅率，图书馆不仅要提高图书的采购质量，也要提高读者的参与度，从而增加读者与图书馆的黏度。PDA 模式首先是从读者的实际需求出发，方便、及时地满足读者需求，提升了采购图书的质量，另外也调动了读者参与馆藏建设的积极性，从而提升了图书的借阅率。

1. 彩云服务平台

彩云服务平台通过为图书馆搭建图书馆平台，建立图书馆藏书机制、读者信用管理机制；通过读者平台与手机 App 方便读者随时随地对图书进行查询；通过书店平台完成图书销售与数据加工过程、MARC 数据回传等工作；通过第三方的销售平台即时查询图书销售数据。

2014 年内蒙古图书馆推出“彩云服务”，将读者、书店、图书馆“采、藏、借”改变为“借、采、藏”的流程，使读者在第一时间即可获得需要且符合图书馆要求的图书，进而提升读者满意度、提高图书馆服务效能。此项服务推出后得到中宣部、文化部领导的高度认可，中央电视台、《人民日报》、《中国文化报》等多家机构与媒体深度报道。该平台是全球首家真正实现读者全程参与的图书采购模式，受到国内国际的高度评价与认可。

彩云服务是图书馆向读者提供的“你读书，我买单”服务，图书馆的持证读者，可通过自己的借阅证，从彩云服务平台以图书馆的名义采购自己需要且图书馆馆藏数量未达上限的图书。图书录入日即为图书借阅起始日，在规定期限内归还即可。只要你愿意，你便是图书馆资源建设的主人。读者不必再为想读的书没上架而发愁，只要是已上市的图书，图书馆馆藏数量未达上限，读者便有资格在第一时间“采”到自己需要的“果实”，一睹为快、无须等待。

彩云服务平台的图书借阅流程与传统图书馆借书流程基本一样，唯一的区别在于无须到达图书馆现场，在线就可以完成选书，快递配送。

(1)注册登录

系统需注册账户才能使用,手机号码为唯一注册凭证。注册用户需绑定至少一张读者卡才能使用。

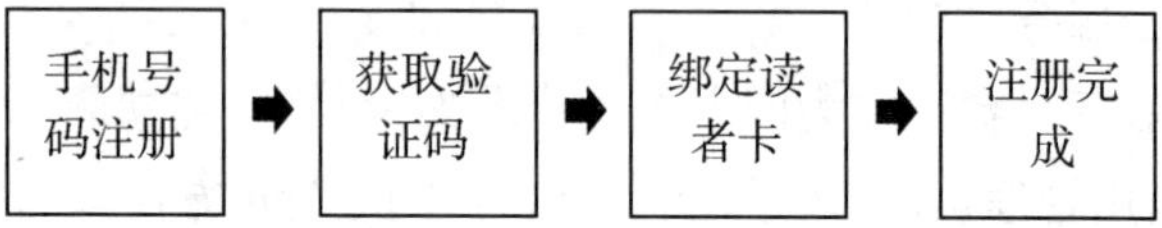

(2)图书借阅

完成注册并绑卡后,可在书城借阅图书,根据读者所在用户组的权限设置,可以借若干本图书,成功下单后,快递员会尽最快速度将图书送到您手中。

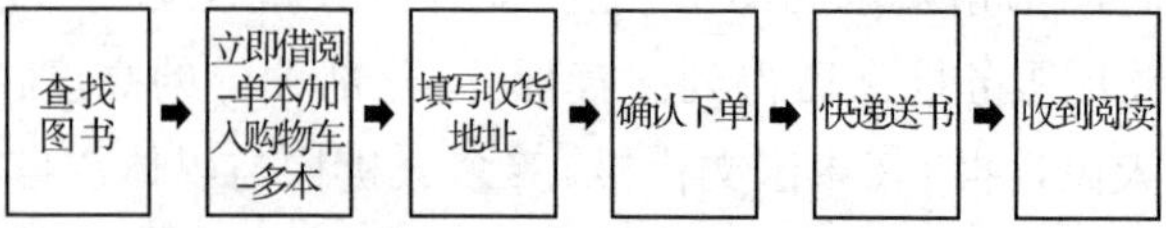

系统支持三种下单模式,可以针对不同用户组设置不同的下单方式:

①读者直接下单(借书周期:1 天)

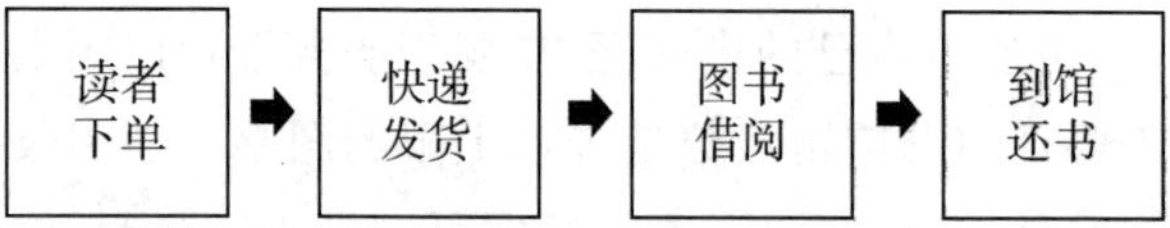

②后台确认下单(借书周期:3—5 天)

③读者荐购(借书周期:1—9 周)

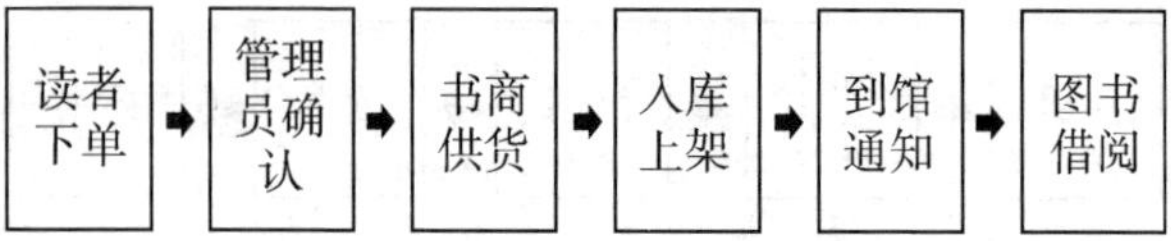

(3)图书归还

图书读完后,读者需将书还到图书馆的“彩云图书专用还书口”,如逾期不还,需要交纳相应的滞纳金。借阅期内,读者可自行进行续借。

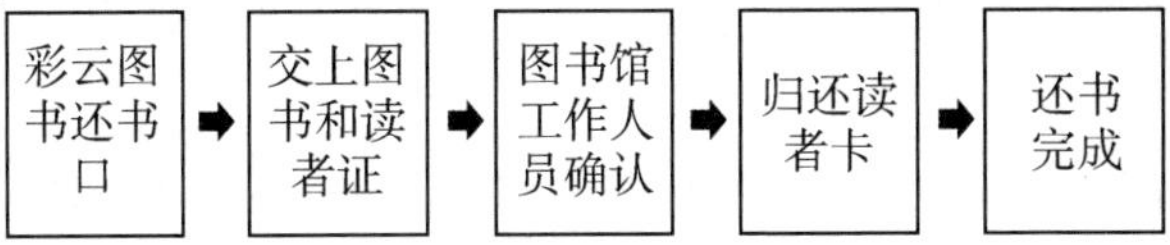

(4)读者互借

读者可以互相借阅通过彩云服务平台借阅的图书,图书不必回到图书馆。此项功能的开展需由各馆工作人员自行选择设置。

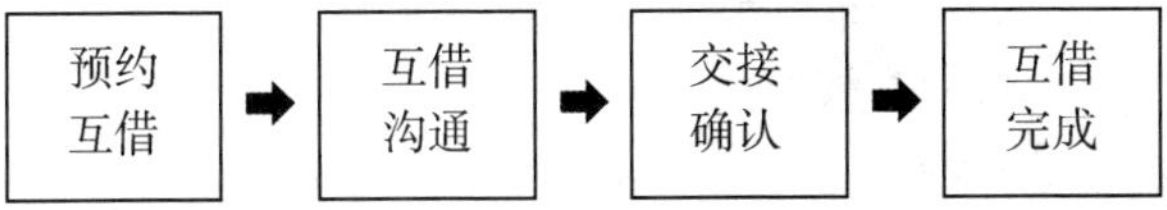

此外,彩云服务平台的后台设置功能也相对比较完善,具体包括:采购范围设置,即通过常用分类法、中图法设置图书采购范围和采购复本数,还可根据关键词设置排除条件。采购预算设置,可通过月份或者分类法设置采购预算,如某个月允许采购多少金额,或者某个分类允许采购的金额,超过采购条件则不允许购买。馆藏书单设置,批量导入以后馆藏书目避免重复采购。用户组设置,即新建或者编辑用户组,设置用户组权限(下单类型、借阅期限、借阅权限、续借次数、是否允许读者互借)。账户管理,目前主要有管理员(所有权限),采编部工作人员、还书处工作人员、财务处工作人员、读者服务中心工作人员等用户类型。订单管理,即管理所有前台用户的提交订单。针对不同用户组,所需要处理的方式也不同,主要有读者直接下单、后台确认下单、读者荐购方式。另外,彩云服务平台还有借阅管理、读者管理、图书管理、统计管理等后台处理功能。

（5）数据库荐购

数据库荐购主要是针对图书馆正在试用或者已经购买的数据库资源进行荐购，可进行查看数据库简介、链接数据库地址、推荐购买等操作。针对按资源包或者单体资源采购的数据库，可提供基于资源的荐购，展示数据库名称、简介、链接地址、资源包简介以及推荐购买操作。

点击可查看数据详情，包括简介、试用地址、试用账号等信息，方便读者更详细的了解数据库，以便决策是否符合自身需求。

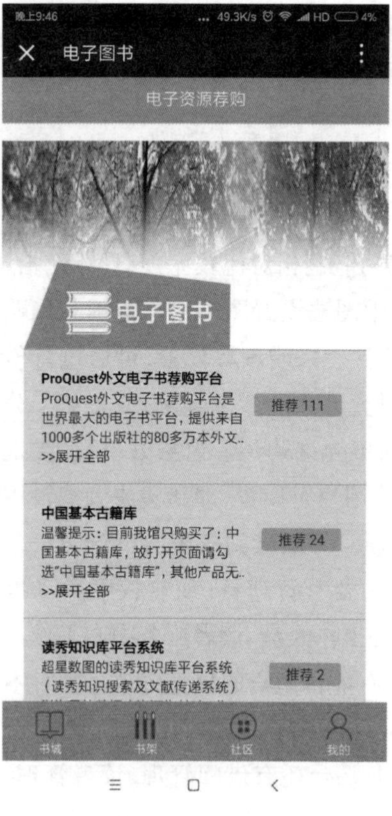

图 7－5　数据库荐购页面

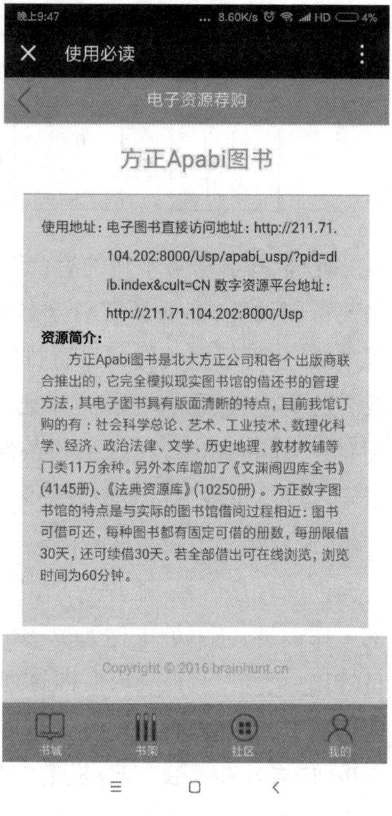

图 7－6　数据库详情页面

2. 芸台购

芸台购是杭州麦达电子有限公司和浙江省新华书店集团馆藏图书有限公司共同合作开发的图书荐购平台。它是运用“互联网 +”、大数据等技术，打通上游出版社、中游馆配商和下游图书馆的信息屏障，构建馆配产业链多方共享、纸电融合的“一站式”馆配综合服务云平台。采编工作人员可以直接处理采访数据、系统查重、处理订单、后期跟踪等日常处理，处理过程中同步对选购品种与馆藏库进行实时查重，大大提高了工作效率。不仅如此，采编工作人员还可以通过网站直接将采访信息分级给院系和学科教师进行选购。所有师生可以通过网站和 App 直接荐购图书。其中“芸悦读”的 App 客户端通过手机拍照扫描 ISBN 条码识别图书，更方便快捷地查找想要的图书信息，并荐购到图书馆，推出“读者选书，图书馆买单”服务。使广大师生随时随地了解图书信息的同时，更参与到图书馆的文献资源建设中。

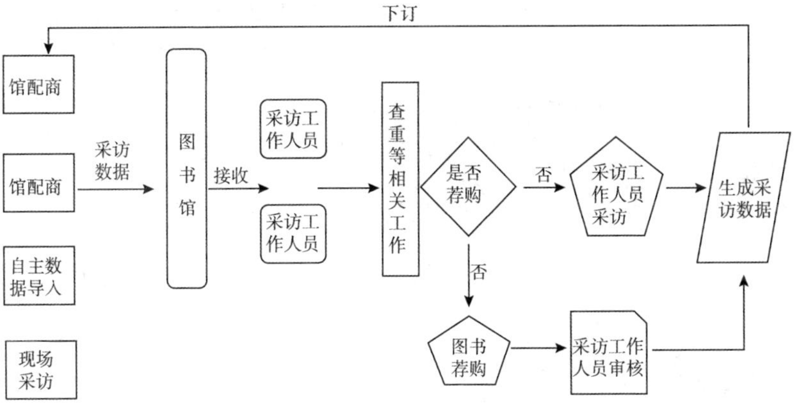

图 7－7　系统总体架构图

芸台购系统采用云服务模式，所有的用户都在平台上进行操作。通过标准书目数据生成相关批次的书目数据进行书目数据的推送，馆配商也可以导入自己的采访数据，图书馆采访工作人员也可以导入从其他渠道获取的采访数据，系统在数据导入过程中会自动去重，并存到中央库中。

图书馆收到数据后可以进行查重工作，查重包括本馆查重与外馆查重，查重完成后系统将对数据进行标记，包括已馆藏、同类院校馆藏信息、贵重图书、重点出版社图书等信息。采访工作人员可以决定本批次数据是否需要进行荐购操作，如果不需要荐购操作，采访工作人员可以直接采访，如果需要荐购则进入荐购流程。采访工作人员采访完成后生成的采访订单，系统可以进行导出，并按馆配商能提供的书目进行分类导出，并生成相关订单，系统后续追踪到货情况。其具体实现功能如下：

(1)联合采访

系统采用一体化设计，将馆配商、出版社、图书馆系统整合起来，打通出版社，馆配商，图书馆之间的数据流，实现图书馆全采访、重点出版社全数据采集、各馆采访数据共享等相关功能。采访工作人员也可以通过本地导入的方式导入第三方数据，然后进行数据合并和查重，并进行采购或者荐购流程。

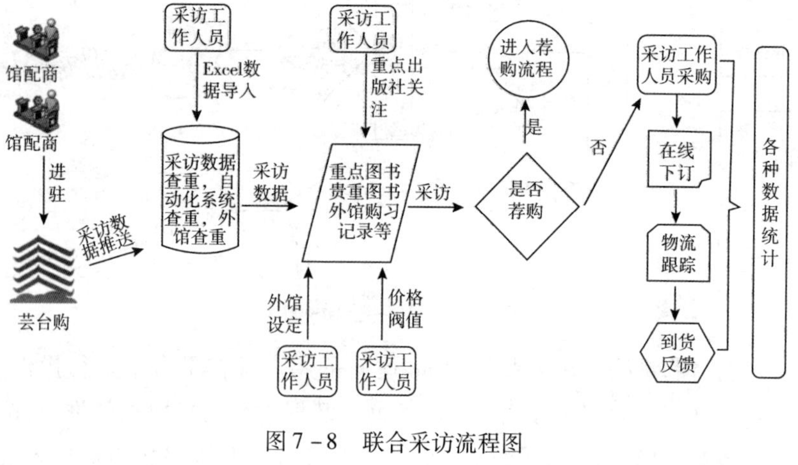

图 7－8　联合采访流程图

(2)图书荐购

该平台荐购模块集成了近30万电商数据,数据包括书封、作者简介、内容简介、目次等详细的图书信息,使读者荐购更加精准。并且对普通读者和教师进行了分别对待,普通读者可以通过页面进行图书单本荐购,系统自动分辨图书是否有馆藏,并揭示馆藏位置。荐购反馈信息通过邮件方式实时反馈给读者。教师拥有独立的后台页面,系统自动分配教师关注的学科图书,并给予相关标识(重点出版社、贵重图书、同类院校馆藏)等,教师可以进行批量图书荐购,荐购反馈信息系统自动发送。

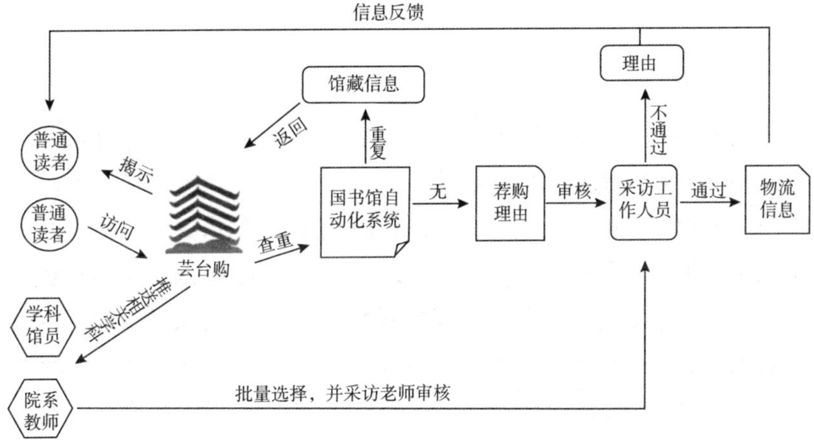

图7-9　图书荐购流程图

普通读者通过前端页面进行图书荐购,系统自动判断馆藏信息。院系教师可以通过批量荐购的方式进行荐购,系统对采访数据自动按学科进行分类,并分发给院系教师。院系教师采用购物车的形式进行选书,并可以批量进行荐购。

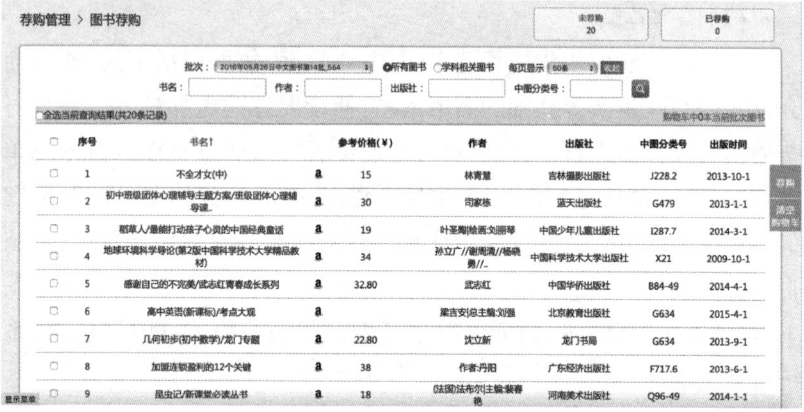

图 7－10　院系教师批量荐购

(3)芸悦读

国外 PDA 工作模式的开展及国内内蒙古图书馆推出的彩云服务，得到国内图书馆同人的强烈响应，这一工作模式确实提升了读者参与图书馆工作的巨大热情，也着实提升了图书的借阅率。很多图书馆也希望推出类似的相关服务，但受限于地域、经费、系统等的因素。“芸悦读”App 也进行了相关功能的开发，具有微信公众号、在线下单、物流跟踪、在线图书检索及扫一扫查书、本校馆藏查重、书商库存对接、自定义借购规则(包括分类号、价格、出版年份、借购数量)、逾期短信自动催还、统计分析等功能。

芸台购系统集成了联合采访模块、图书荐购模块、现采模块、PDA 模块。不仅实现了整个采访模式的网络化，本地化，还包含了目前主流的采访模式，并且从出版社到馆配商到图书馆的完整产业链。从最初出版社出版样书到馆配商采访数据录入，到采访数据生成，到采访数据发送，到工作人员对采访数据查重，到采访工作人员选书或发起荐购，到采访工作人员审核，到采访工作人员发订，到到货统计等完整的采访流程。另外，系统采用云服务模块，图书馆无须进行硬件设施投入,并且所有的图书馆都建立在一个平台上,所有的数据可以实现共建共享。联合共建后可以提升采访数据的覆盖率,采访工作人员可以挖掘更多的采访数据。可以有效实现采购数据的比对,并可以更加精准的对馆配商进行系统评估。更加保全重点学科的文献保障。也有利于出版商对出版数据的精准把握。

3.武汉大学开发的中文图书荐购系统

武汉大学图书馆于2008年自主开发了中文图书荐购系统,后于2013年进行改进升级,形成一套较为成熟的系统,可实现用户身份的统一认证、OPAC多种方式检索、豆瓣和百度等网站的有机结合、文献加急等特色服务和功能。用户使用自己的借阅证号和密码即可登录荐购系统,浏览已发布的征订目录,可根据书目后提供的豆瓣书评、百度图书搜索等链接查看相关信息,选择并推荐需要和喜欢的图书。用户也可根据重要字段在导入书目以及他人荐购书目中进行检索,再提交自己的荐购要求。最终荐购信息由系统反馈给采访工作人员,采访工作人员通过分析整理系统中用户提交的图书荐购信息,根据学校相关学科专业、图书馆文献资源结构等因素及图书馆采访工作原则和相关规章,决定是否购买、购买数量以及收藏地等。当采访工作人员处理完毕,系统会自动发送邮件到用户所提供邮箱,将荐购的结果及时反馈给荐购者。总体而言,武汉大学图书馆的荐购系统,是目前高校图书馆自主开发的相对成熟易用的荐购系统。

第三节　图书馆荐购平台的建设

图书馆应顺应“自我本位”到“用户本位”转变的大趋势,把用户需求作为资源采购的决定性因素,将资源采购权交给读者。这既满足了读者的实际需求,又节省了资源购置经费,保证了资源的适用性,提高了高校图书馆资源的利用率。图书馆荐购平台的建设能够使图书馆的馆藏建设更加科学合理。一个人的知识再渊博,也不可能对各个学科的知识都有较深、较全面的掌握,尤其在学科发展日益综合化和专业化的今天,一个人的智力结构常常会显得更为狭窄而单薄,而文献数量增长飞快,面对浩瀚的文献之海和复杂多变的读者需求,仅靠一两个采访人员去选择文献已不可能。高校读者学科专业不一,阅读层次、阅读爱好、阅读兴趣不同,即使有博士学历的采访人员也不可能对学校各学科专业知识通晓,也未必能涉猎不同学科领域、交叉学科、边缘学科、相关学科和跨学科的知识。用户驱动理念下的读者荐购,使资源的选购更合理、更准确,减少其盲目性和随意性,提高了馆藏文献质量[8]。图书馆网上荐购系统和微信荐购系统的建设,使得图书馆的荐购服务更加实时化、网络化和移动化,提升了图书馆的服务水平。

虽然目前已有上述各类专业荐购软件开发和推出,但是许多高校图书馆尚没有建设自己的资源荐购平台;有些高校图书馆也仅是在图书馆网站设立读者荐购的菜单,宣传和引导明显不足,以至许多读者根本不知道荐购服务,荐购数量偏少。此外,任何荐购软件都存在与图书馆门户网站和后台数据的衔接问题、配置问题,都需要本地化的二次开发和建设,所以广泛收集高校用户图书及数据库需求信息,建立需求数据库,并通过智能模型分析用户行为,更准确地把握读者的需求动态,开发适用于自己图书馆的网上荐购系统及服务运行机制,势在必行。

图书馆网上荐购系统的建设,尤其是微信荐购系统的建设,是图书馆用户驱动理念下,图书馆采购工作的应用和改进,即将图书馆资源采购、资源建设的主动权交给用户,开发基于互联网的读者荐购系统和基于微信的实时荐购系统,搭建读者参与图书馆资源建设的专业平台。在该平台中,读者可以构建自己的账户并管理个人信息;可以查询图书馆的资源信息和资源动态以及其他各种目录信息,从而发现所需资源;可进行自主推荐,表达自己的需求和意愿。它不仅是书目信息平台，而且还是开放的、可进行交流和互动的虚拟采访环境。读者荐购解决了读者所需资源难以获取以及图书馆采访工作中容易出现的盲目性、随意性等问题，提高了图书馆馆藏资源的利用率，实现了有限经费购买资源的最大化。

一、荐购系统的建设

1. 用户需求及参数设置研究

用户需求是一切工作的基础和最终诉求。要满足用户需求，首先要对读者的需求进行调研和统计分析，具体细化到：用户类型，包括用户的身份、用户的专业类别、用户的阅读习惯、用户的资料来源等；需求资源的类型，包括纸质资源、电子资源，以及图书、期刊、报纸、图片、资讯、视频等；获取方式，包括邮件接收、短信提醒、平台实时回复等。同时，还要对图书馆的需求进行详细探讨，比如用户的统计、资源的统计、馆员工作量的考核等内容，从而保证平台的设计开发能够满足多方面、全方位的需求。

其次，在充分考虑简洁性和实用性的基础上，通过用户及图书馆需求分析，在功能模块设计的基础上，对后台及接口参数进行设置。具体可包括荐购权限、管理员权限、普通用户权限、高级用户权限、可荐购金额统计分配、响应时间、容错能力等。

2. 图书馆资源荐购系统的框架

在前期调研和分析的基础上，建立用户需求智能分析模型，采用大数据分析技术，对用户需求进行智能分析，并采用 SQL SERVER 和. NET技术对系统平台进行开发，包括：前台页面设计、各级目录的展示和后台读者验证模块、征订目录推荐模块、自主荐购模块、订单自动管理模块、读者留言管理模块等功能模块的设计开发，并完成图书馆网站的嵌入工作。

图书馆资源网上荐购系统可采用 B/S 三层架构设计，系统主体包含用户接口层、业务逻辑层和数据层三个层次，具体包括环境平台、开发工具、数据库管理系统、统计分析工具、版本控制工具等环节的开发。其中开发的重点主要是网上荐购系统与图书馆书刊检索系统(图书馆自动化系统)的对接问题;荐购系统中读者荐购资源的分析挖掘技术;电子资源尤其是数据库资源的荐购问题。荐购系统涉及的各环节和总体框架如图7－11所示。

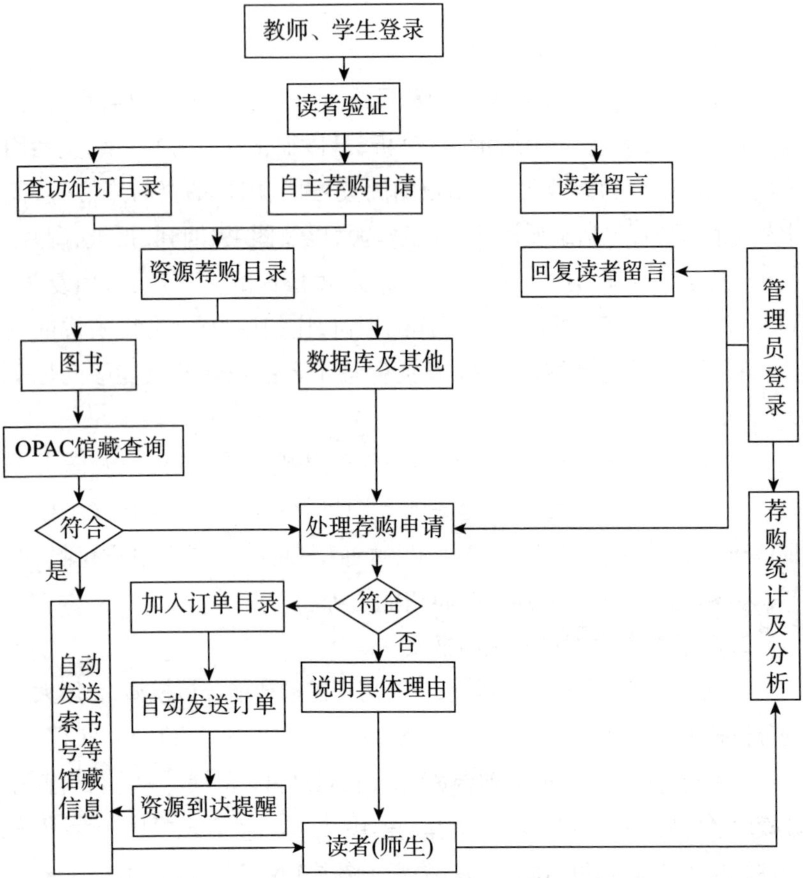

图7－11　图书馆资源网上荐购系统总体框架图

3. 荐购系统的主要实现技术

（1）以出版商、图书及数据库供应商、豆瓣网等数据为基础的征订目录数据库的开发

构建征订目录数据库的一个重要内容就是分类体系的构建。不同行业的分类体系会有所不同，但是各行业分类体系的构建形式是基本相同的，一般都采取多级分类的方式，每个分类由分类名称和分类代码组成。征订目录数据库分类体系中，包括以下几个方面功能：支持多级分类的管理和构建、添加各级分类的名称和分类码、支持分类体系的导入和导出、支持多分类的标引等。

（2）荐购资源与 OPAC 馆藏资源查重技术及自动推送技术的研究

在图书馆资源荐购平台中，馆藏资源的查重技术及针对不同用户的自动推送技术是研究的重点和难点。根据用户荐购的内容，可以将查重分为基于题录信息的基本查重、批量查重和基于上传图片的图像查重三个主要类型。基本查重采用数据库搜索机制，对书名、作者、出版社等信息进行数据模糊匹配查重。批量查重主要是采访馆员或管理员将用户现采或者提交的大量数据统一进行批处理查重。图像查重则是用户上传其感兴趣的图书的封皮、插页等，根据图像内容，采用基于内容的图像检索技术进行查重。

（3）数据库荐购申请的处理

数据库荐购主要是读者针对图书馆试用或已购的数据库及数据库具体内容模块进行推荐。其主要采用表单处理流程进行人工数据库资源处理和信息推送，并进行数据化和规范化处理，以便日后的自动化流程扩展。

（4）用户行为及荐购资源分析挖掘技术研究

在构建用户需求信息数据库的基础上，对用户行为及其荐购数据进行分析和挖掘。数据挖掘是指在海量的数据中，挖掘或者抽取出未知的、有价值的知识。基于用户荐购资源的情况，采集用户的浏览行

为、数目需求信息、阅读习惯、阅读方式等相关信息。构建需求数据库的同时,采用神经网络、聚类算法、决策树、关联挖掘等智能分析算法,分析有效的用户行为和荐购信息,为图书馆员提供决策支持。

4. 荐购系统的主要功能模块

(1)认证模块

认证模块主要是对用户身份的统一认证,具体包括读者的证件号、密码、状态、身份及院系单位等资料;另外,还可以针对荐购系统的特点,对不同的读者进行相应阈值和权限设定,从而对用户进行有效的管理。

(2)书目导入模块

图书馆采访馆员或管理员将已有图书的书目数据导入荐购系统,可以使读者有范围、有引导地进行荐购。此模块主要是为读者提供一定的书目数据,为读者荐购提供一定的基础数据。读者可以在图书征订目录中检索需要的图书,还可浏览其中某类别的图书,获取更多相关信息,同时可以直接进行图书荐购。

(3)馆藏查重模块

馆藏查重工作是在图书采访过程中,花费人力较多的阶段,也关系到馆藏品质和图书经费是否有效利用,是图书采访工作中重要环节之一[2]。荐购系统的查重模块可通过 ISBN、书名、作者进行查重。同时,为了减轻采访馆员的工作强度,还可对新写入征订目录的图书自动进行批次查重。完成该模块操作后,所有馆藏已有的图书书目中都标注“馆内已有”,并可以通过超链接,即时查询馆藏状态及馆藏数量等,读者可以根据这些信息来决定是否需要建议。

图书馆采购增加复本,采访馆员也可以根据这些信息知道读者荐购的是馆藏没有的新书还是要求增加复本。除了这部分查重功能外,系统还提供基于图书封面的图像查重,用户可直接将拍照的图书照片上传进行查重。另外,还可针对批量数据进行批处理查重,采购馆员或管理员将批量数据进行导入后,系统自动针对有效字段进行批处理,从而提高查重的效率和系统的适用范围。

(4)荐购与审核模块

图书荐购过程中,图书书目信息的完整性,直接影响到图书的采购质量和效率,故书目的完整性显得非常重要[2]。一方面,读者进行荐购时,需要提交尽量完整的书目信息,便于采访人员准确判断图书并减少其工作量和降低书目错误率;另一方面,图书馆荐购系统应拥有尽量完整的书目数据,作为读者勾选和荐购图书的后台支撑数据。这样既可以节省读者输入书目信息的时间,又可以帮助读者了解图书情况,如简介、评价、排名等,从而减少盲目性,提高荐购图书的质量。如果遇到征订书目中没有的图书,读者可直接输入图书信息来荐购,也可上传图书的封面、书名页、版权页等进行荐购。读者可以随时发现,随时荐购,这极大地提升了读者所需图书的反馈力度。同时,采访馆员通过查重审核荐购图书是否已购,并对荐购图书的种类和价格、内容等情况进行考察,审核其是否符合馆藏文献建设的原则和政策,从而决定是否购买。

(5)验收模块

图书到馆后的验收是图书馆采购工作中的一项重要内容,需要与征订目录进行一一核实,从而保证所到图书与读者荐购图书一致。图书馆目前仍然主要采用扫描图书 ISBN 或条码的方式,调取书目信息,与征订目录进行比对的方式进行验收。荐购图书的验收工作相对较为特殊,尤其是"彩云"模式下荐购图书的验收工作。因为图书会直接快递到荐购者手中,荐购者阅读后,直接还回图书馆,图书馆再进行验收、编目、典藏、上架等工作。

(6)数据库荐购功能

数据库荐购是目前用户驱动采购环节中研究和实践均较为薄弱的环节。图书馆业务自动化系统中尚未有相关处理的模块和功能,而商业公司开发的相关产品中也没有成型的产品问世。但是,随着数据库资源的逐渐丰富和多样,数据库资源的甄别和选购也面临着一定的挑战,比如同类型数据库的比较和选择,某数据库中不同专辑和不同文献类型的子专辑的选择和判定,这些问题均需要用户的参与。用户荐购系统也需要对此功能的开发和实现,以提升图书馆数据库资源的建设质量。数据库资源的荐购主要采用人工表单处理方式,即人工检索和回复的方式进行处理,并建立数据库资源荐购的流程规范,尤其是针对不同的学科特点和不同文献资源类型的特点,对数据库荐购设立规范的操作流程,从而保证对荐购内容和数据的有效管理。

(7)系统管理模块

系统管理模块也是荐购系统不可缺少的一部分,可分为两个部分:一是管理者登录系统后的管理,二是系统每日执行的统计和通知功能[2]。荐购系统的管理者往往会有选书专家、采访馆员及图书馆管理人员等多人组成,不同层级拥有不同的权限。如选书专家只有某些分类下的图书审核权利,采访馆员处理图书的订购,图书馆管理人员有更改馆藏采访政策等的权限。读者账号管理对不同的读者赋予不同的权限,如院系学科负责人、教师、研究生、本科生等。同时,还要统计读者荐购数量,并通知采访馆员即时处理被荐购图书;统计欲订购数量,并通知书商即时处理被荐购图书;统计各类目下的订购图书数量及价格,并通知采访馆员,用来修订被荐购图书的审核策略等。

总体而言,整个图书馆荐购系统的设计首先需要对用户需求进行较为深入的细致分析,并在此基础上进行各类参数和阈值的设定。对系统构建中涉及的主要和关键技术进行模块化分析处理,有针对性地进行开发和实践验证。对整个荐购功能和荐购流程进行业务流程的梳理和解析,进行有针对性的开发和改进,从而保障较好地适应图书馆的工作环境。

二、图书馆微信荐购功能的实现

尽管国内外在用户驱动和读者荐购领域做了大量的研究工作,

但是基于微信平台的读者荐购技术研究仍然较少。腾讯公司推出的微信,作为一种新兴的创新型交互工具,以其新颖的用户体验,低门槛的接入方式,已然成为用户沟通交流的首选工具。自 2011 年微信投放市场以来,用户数量节节攀升,到 2012 年 3 月,用户数量突破 1 亿,同年 9 月,既已突破 2 亿,2013 年 1 月突破 3 亿;而截至 2014 年 11 月,我国的微信公众账号总数超过 800 万,其中经过认证的政务公众微信账号达 1 万多家。在智能手机成为大学生必备通信工具的时代,如何利用微信和微信公众号与学生进行沟通交流和互动,如何将这种交流和服务最大化,是图书馆需要研究和实践的新课题。

随着智能手机的普及,图书馆的资源和服务除了传统的 PC 技术及实现方式以外,基于手机尤其是基于微信的移动、实时、互动的方式越来越成为新的趋势和主流。图书馆在微信平台的开发与利用领域起步较晚,现有图书馆的微信平台功能和展示方式过于简单,缺乏交互性,所以迫切需要在此基础上嵌入研发出新的功能模块,尤其是基于微信公众号的资源荐购系统的开发,以充分发挥微信平台的优势开展图书馆的资源建设和服务工作。

微信以其即时、便捷、互动等特性成为实现高校图书馆资源荐购系统最为合适的平台。微信图书馆的开发和利用也成为图书馆移动服务领域备受关注的热点之一。现有的微信图书馆主要有书刊检索、图书馆公告、信息推送以及常见问题解答等功能,比如通过图书馆微信公众号可以查找图书,对所借图书进行续借,以及查看图书馆公告;还可以进行好书推荐、热门报纸、杂志精选等推荐;客户端的下载以及常见问题答复。此类高校图书馆的微信平台基本都是把图书馆的书刊检索、公告与推送进行了简单的移植,缺少针对微信特点的专业功能的开发,具有一定的局限性。而微信荐购功能的实现,可以更好地发挥微信的即时性和交互性特点,更为方便快捷地进行资源荐购。

1. 微信荐购系统的总体框架

为了更好地满足学生手机通讯及阅读的习惯，高校图书馆在 PC 版荐购系统之外，还应着力开发微信端口的资源荐购系统，进行即时、交互的荐购和推送；研究适用于移动终端的微信荐购系统的功能模块及其实现的关键技术，使读者荐购更具实时性和便携性。读者通过手机在微信荐购系统查询所需图书或数据库，微信公众平台通过第三方服务器中的数据将查询结果返回给读者。这期间首先要解决的就是接口配置的问题，主要包括图书馆的微信荐购系统与数据商的接口配置以及荐购系统与图书馆书刊检索系统的接口配置等。同时，还需要解决读者推荐信息的及时反馈和统计分析问题，使读者的推荐能够快速得以应答和满足。首先研究图书馆资源微信荐购系统的功能模块及设计问题，然后解决微信公众平台上 API 接口问题，实现读者自主推荐及实时反馈的交互设计。微信荐购系统的总体框架如图 7 – 12 所示。

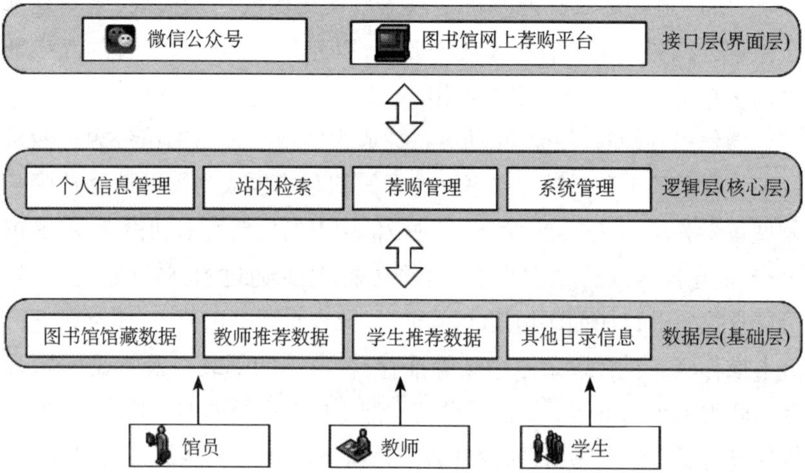

图 7 – 12　微信荐购系统框架图

微信荐购系统的总体框架开发工作主要包括基础数据层的征订目录数据库构建开发，个人信息管理系统、站内检索技术、荐购管理系统、系统管理技术等核心业务逻辑层，以及微信图书馆和网上荐购平台的实现方法研究。

2. 微信荐购系统的关键技术

除了 PC 端荐购系统需要解决和处理的重点问题和技术之外，鉴于微信特有的移动和交互性，微信荐购系统需重点处理的关键技术如下：

(1)接口配置问题

微信荐购系统的建立首先需要解决的就是各种接口的配置，包括对接服务器的配置、辅助支撑系统的接口配置，还包括各类对接信息的配置等。首先，读者提交荐购请求后，系统需要先发送请求到消息接口程序，消息接口程序再对参数进行校验，校验合格后再发送回请求，从而执行操作。

(2)读者荐购信息的处理

鉴于手机和其他移动产品的便携和交互性，微信荐购平台在荐购信息的提交和实时接收、回复等方面具有较为强大和方便的功能。首先，用户可以直接利用手机的拍照功能进行图书的拍照和上传，还可以直接利用微信的“扫一扫”功能进行文字扫描识别转换等处理，便于做到随时随地的荐购资源。其次，用户对所需资源可进行实时上传和查重处理等操作，还可方便地与馆员进行实时在线沟通和荐购的咨询工作。另外，馆员可以利用荐购系统开展对用户的荐购进行的回复，以及图书到馆后的通知和相关信息的发送等工作。

(3)特色功能的开发

图书馆微信荐购系统还应基于微信端的特点，开发特有的功能，比如应用微信“扫一扫”功能与图书 ISBN 条形码的对接和配置，微信端书评功能的定义和开发，用户界面设置，用户之间的互相转借，收付款功能等。

总体而言，基于微信平台的图书馆资源荐购系统，开启了图书馆读者荐购服务的新篇章。笔者在实践工作中通过对北京服装学院微信图书馆的应用与研究，探索构建一种顺应时代、方便快捷、高效的图书馆资源荐购系统，使图书馆的荐购服务能够快速地推广和普及，从而提高图书馆文献资源的利用率。

同时，图书馆在开发图书馆网上荐购系统和微信荐购系统的基础上，还应该研究并建立及时、有效的图书馆信息反馈机制。图书馆处理读者荐购信息的效率和质量，直接决定荐购平台的使用效果和运行状态。只有馆员将读者服务放在第一位，及时处理读者荐购信息，及时回复读者，给予读者满意的答复，并跟踪读者的需求主动服务，才能保证图书馆荐购平台的长期、有效运行。同时，图书馆应建立一整套完善的图书馆服务保障体系，包括服务的对象、服务的内容、服务的方式、服务的流程、服务的评估及激励机制等一系列的内容，为图书馆资源荐购平台的顺利运行提供人员、服务及制度保障。

用户驱动理念的引入和用户荐购的实施，有效地推进图书馆资源采购工作的开展，明确落实了“读者第一”“图书馆资源采购和建设的主动权交给读者”的理念，从而更好地满足图书馆用户的资源需求，提高图书馆资源的利用率。这无论是对读者，还对图书馆而言，都是根本理念上的突破和创新。用户荐购系统的建设和实践，为用户自主选择和推荐资源提供畅通、便捷的途径和服务，从而解决图书馆在此环节实现过程中技术、手段滞后等问题，改进和提升了图书馆的服务水平。针对读者荐购的特点，在研究并结合用户驱动采购理念和读者需求及图书馆需求的基础上，基于图书馆现有资源及自动化系统，开发建设专业的图书馆网上荐购平台，使该平台与图书馆网站、图书馆书刊检索系统无缝链接，解决图书馆满足读者荐购的需求，具有很强的创新性和实践意义。

参考文献:

[1] 谢玲.武汉大学图书馆荐购系统实证研究[J].图书馆学研究,2016(8):74-78.

[2] 李豫诚. 高校图书馆图书荐购系统的功能研究[D].重庆:西南大学,2010.

[3] 胡慧敏.ILAS Ⅱ与INTERLIB流通子系统中的几点比较[J].内蒙古科技与经济,2010(8):138-139.

[4] 孙彬彬.ILASⅡ图书馆管理系统优缺点分析——以大连开发区图书馆为例[J].情报探索,2012(3):105-107.

[5] 邓珊妮.大学图书馆采访管理系统的设计与实现——以湖南工业大学为例[J].高校图书馆工作,2013(1):82-84.

[6] 余玲.Interlib与国内常用图书馆自动化系统的比较研究[J].图书馆学刊,2006(6):132-133.

[7] 毛世蓉,张雯.国外主要图书馆集成管理系统采访模块的分析与比较[J].四川图书馆学报,2010(3):16-19.

[8] 孙德林.略论群体参与选书[J].图书馆学刊,1992(1):27-28.